JN447825

AI와 심리상담

AI문고

인공지능 시대입니다. 기계가 인간의 인지를 대신하고, 사물이 인간을 통하지 않고 다른 사물과 직접 커뮤니케이션합니다. 이에 따른 인간 삶과 문명 변화를 정확히 이해·예측·대응하는 것은 이 시대 우리 모두의 과제입니다. AI문고는 인공지능 기술과 환경의 여러 주제를 10가지 키워드로 정리합니다. 관련 개념과 이론, 학계와 산업계의 쟁점, 우리 일상의 변화를 다룹니다. 인간과 기술의 현재, 미래를 세심히 분석합니다.

일러두기

- 인명, 작품명, 저서명, 개념어 등은 한글과 함께 괄호 안에 해당 국가의 원어를 병기했습니다.
- 외래어 표기는 현행 어문규정의 외래어표기법을 따랐습니다. 다만 수퍼바이저, 수퍼비전, 솔루션 등은 관행을 따랐습니다.
- 표준국어대사전에 등재되어 있지 않지만 전문용어로 여겨지는 단어의 띄어쓰기는 필자의 판단을 따랐습니다.

처음이세요?

전문가세요?

지금, 큐알 찍으면

- AI 입문서 바로 선물
- 당신만의 필독서 추천
- 500권 요약본 공짜
- 오디오북 무료 사용

AI와 심리 상담

황매향

대한민국, 서울, 커뮤니케이션북스, 2025

AI와 심리 상담

지은이 황매향
펴낸이 박영률

초판 1쇄 펴낸날 2025년 8월 1일

커뮤니케이션북스(주)
출판 등록 2007년 8월 17일 제313-2007-000166호
02880 서울시 성북구 성북로 5-11
전화(02) 7474 001, 팩스(02) 736 5047
commbooks@commbooks.com
www.commbooks.com

이 책은 커뮤니케이션북스(주)가 저작권자와 계약해 발행했습니다.
본사의 서면 허락 없이는 어떠한 형태나 수단으로도
이 책의 내용을 이용할 수 없음을 알려드립니다.

© 황매향, 2025

ISBN 979-11-430-0295-2 03500

책값은 뒤표지에 표시되어 있습니다.

차례

AI 시대를 맞이하는 심리상담

하루가 다르게 AI 관련 기사들이 쏟아지고 있는 가운데, AI 시대의 도래와 함께 심리상담의 지형도도 달라질 것으로 예상된다. 우리나라에 비해 미국은 조금 더 발 빠르게 그 대응에 대한 논의를 내놓고 있다. 예컨대 미국심리학회는 AI가 심리학에 미칠 영향을 예상하면서 더 이상 피할 수 없는 상황에서 AI 발전에 정보를 제공해야 하는 책무성을 강조하고 있다(Evans Jr., 2024). 이러한 문제 제기는 실제 미국심리학회의 지향점에도 영향을 미치고 있다. AI 기술이 심리상담, 연구, 직장, 교육 현장, 일상생활 등에 보다 깊숙이 통합될 것으로 전망하면서, 사회 변화가 2025년 심리학에 미칠 10대 트렌드 중 절반인 다섯 가지를 AI 기술에 따른 변화로 선정하고 있다(Strait, 2025). 그 가운데 첫 번째 주제로 AI가 심리상담에 미치는 영향을 다루고 있는데, 내담자의 개인정보를 보호하는 범위 내에서 AI 도구를 실무에 통합할 때가 되었다는 점, 거대언어모델과 웨어러블 기술이 새로운 개입과 상담자 훈련 방법을 이끌 것이라는 점, AI 기술을 안전하게 통합하는 방법에 대한 연구가 지속돼야 하는 점 등을 제안하고 있다. 테크놀로지의 발달과 함께 심리상담 영역에서는 계속 발전이 이뤄져 왔고, 최근 AI 기술이 등장하면서 새로운 변화가 예상된다. 앞으로 AI 기술을 심리상담에 접목하기 위해 심리상담 전문가들에게 어떤 준비가 필요할까?

기술의 발달과 심리상담

기계, 기술, 그중에서도 첨단 기술은 인간에 대한 관심이 큰 심리상담자들이 크게 관심을 두지 않는 영역 중 하나라고 할 수 있다. 그러면서도 심리상담은 꾸준히 기술의 혜택을 통해 서비스를 향상해 왔는데 그 첫출발은 아마 전화상담일 것이다. 그리고 인터넷이 보급되면서 사이버상담(또는 인터넷상담)이 상담의 한 형태로 자리매김했다. 공간을 공유하지 않아도 대화를 할 수 있는 전화나 인터넷은 상담의 손길이 닿지 않던 곳까지 상담자를 연결해 주는 중요한 기술이었다.

무엇보다 심리상담자들이 첨단 기술을 적극적으로 받아들였던 것은 많은 사람들을 혼란에 빠뜨린 코로나19 감염병 사태 때였다. 감염병 사태 초기에는 많은 상담실이 아예 서비스를 중단했고, 기존의 전화상담이나 사이

버상담이라는 비접촉 상담 방법이 있었음에도 그 방법으로 대체할 엄두를 내지 못하고 얼어붙어 있었다. 감염병 사태가 장기화하면서 중단된 서비스들이 조금씩 재개되기 시작했는데, 상담은 비대면상담의 방법으로 그 재개의 길을 찾아야 했다. 기존의 전화상담, 사이버상담과 함께 화상상담을 새롭게 시작하게 됐고, 비대면상담이라는 명칭도 그때부터 보편적으로 사용하게 됐다. 청소년상담을 위한 화상상담 매뉴얼(소수연 외, 2020)도 발 빠르게 개발돼 보급되기도 했다. 나아가 많은 심리검사가 이 시기에 온라인을 통한 검사 실시, 채점, 결과 제시 등이 가능한 비대면 검사로 전환됐다. 감염병 사태는 상담 영역에 새로운 도전을 던져 주면서 비대면상담이라는 큰 변화의 물결을 만들어 낸 것이다. 우리나라의 트로스트나 네이버 엑스퍼트, 해외의 토크스페이스(Talkspace), 베터헬프(BetterHelp), 아이에소(Ieso) 등은 비대면 상담 중심의 플랫폼을 전문적으로 제공하면서 상담자와의 연결까지 책임지는 서비스로 새롭게 등장해 심리상담 시장에서 자리를 잡았다. 이와 함께 비대면상담에 대한 선호도도 높아지고 있다. 대면상담에 대한 높은 선호를 보여 주는 연구들(유현실 · 이태희, 2022; Renn et al., 2019)도 있지만, 최근에는 차이가 없다는 연구 결과도 나오고 있다(Parsons et al., 2025). 그뿐만 아니라 실제 비대면상담을 경험한 사용자들로부터 긍정적인 평가를 받기도 했다(예, 고정은 외, 2024; 나은혜 외, 2024; 이영주 외, 2022). 이러한 비대면상담의 연장선 속에서 더 많은 첨단기술이 심리상담 영역에 도입될 것으로 예상된다.

현재는 첨단 기술 중 AI 기술이 가장 급속도로 발전하고 있고, 심리상담 영역에도 점차 그 영향이 커지고 있다. 그러나 이미 선보인 AI 기술부터 앞으로 선보일 AI 기술까지 심리상담 전문가에게는 낯선 것이 사실이다. 비대면상담에서 AI 적용 상담으로 넘어오면서 가장 큰 차이는 심리상담 전문가가 직접 내담자를 만나 상담을 하는가의 여부다. 기술을 활용해 비대면상담을 진행할 때는 상담자가 내담자를 만나서 서비스를 제공하는 방식에 큰 변화는 없었다. AI 기술이 들어오면서 AI가 상담자를 대신해 내담자에게 심리상담 서비스를 제공할 수 있게 됐다. AI 기술과 함께 심리상담에서는 이전과는 완전히 다른 국면이 펼쳐지고 있다.

인간과 같은 지적 능력을 구현하는 기술로서의 AI는 1950년대부터 시도됐지만, 일반인에게 커다란 관심을 불러일으킨 계기는 2016년 3월 구글 딥마인드사의 AI 프로그램인 알파고와 한국의 바둑 기사 이세돌 간의 대국이었다. 이후 자율 주행 자동차에 대한 여러 가지 가능성이 제안됐고, 이미 자율 주행 기능을 장착한 자동차들이 시판돼 사용자들의 만족도도 점점 높아지고 있다. 그리고 최근 일반인들이 AI 기술을 체감하게 된 또 다른 계기는 2022년 말 챗GPT가 일반인들에게 공개된 일이다. 2023년에는 글자만이 아니라 음성과 이미지까지 구현해내는 챗GPT가 출시돼 사람들의 관심이 더 높아졌고, 하루가 다르게 새로운 시도들이 보도되고 있다. 이 외에도 다양한 생성형 AI 제품들이 출시돼 소비되고 있다. 심리상담 전문가의 AI 경험도 이와 같은 일반인들의 경험과 큰 차이는 없을 것이다. 그러나 심리상담 전문가들은 일반인들과는 달리 심리상담에 적용되고 있는, 또는 적용될 AI 기술에 대한 지식을 확장하고, 앞으로 심리상담의 실제에서 긍정적 변화를 이끌어 가야 할 책무성을 가지고 있다.

마음건강 분야에 제안된 AI 서비스

심리상담 전문가들이 먼저 주목할 AI 서비스는 마음건강 분야의 디지털 헬스케어다. 의료계에서는 최근 신체건강과 정신건강이라는 용어를 몸건강과 마음건강으로 바꾸면서 조금 더 일반인들에게 친근하게 다가가려고 노력하고 있다. 특히 정신건강이라는 용어가 마음건강이라는 용어로 표현이 달라지면서 정신건강에 대한 예방, 진료, 관리에 대한 관심이 높아진 것도 사실이다. 이러한 흐름에서 AI 기술을 적용한 디지털 헬스케어 서비스 개발에도 의료계가 적극적으로 참여하고 있다. 또한 디지털 헬스케어는 예방 차원이 강조되고 몸건강과 마음건강을 함께 돌보는 지향점을 가지는데, 마음건강 부분이 조금 더 강조되기도 한다. 디지털 헬스케어라는 의료계의 참여에는 로봇 수술을 비롯해 의료 분야로 AI가 먼저 진입을 하면서 의료의 우산 아래에 있는 건강 관리 분야에 대한 관심이 자연스럽게 확장된 측면도 있다.

마음건강 영역에서의 AI 적용 서비스는 주로 디지털 헬스케어를 중심으로 한 응용서비스나 제품 개발이 활발하다. 마음건강에 활용 가능한 다양한 AI 서비스에 대해 송근혜 외(2020)는 포괄적으로 그 동향을 분석했는데, 10가지 대표적 정신질환[불안장애, 섭식장애, 수면장애, 우울장애, 외상후스트레스장애(PTSD), 자살, 주의력결핍과잉행동장애(ADHD), 치매, 알코올 중독, 디지털 중독]을 선정하고 그 질환들의 예방, 진단, 치료, 사후 관리 단계에 적용되는 10가지의 AI 응용 서비스 제공이 가능함을 제시하고 있다. 제시된 AI 응용 서비스는 일반 의료 서비스와 맥락을 같이하는 서비스인 예방, 원격진단이나 디지털 치료제와 맞춤형 치매 치료와 같은 치료, 치료를 보조하는 돌봄 등과 함께 대화 중심의 소통과 정서적 지지 · 조절 · 코칭 · 돌봄 등 정서적 지원을 제공하는 서비스로 크게 나뉜다.

마음건강을 지원하는 AI 서비스가 제공되는 형태를 살펴보면, 돌봄 위주의 소셜로봇, 스마트폰 앱으로 구동되는 셀프헬프 앱, 심리 지원 챗봇, 디지털 치료제 등이 대표적이다. 소셜로봇은 인지 능력과 사회적 교감 능력을 바탕으로 로봇이 인간과 상호작용해 사회적 기능을 수행하게 하는 기술이다(과학기술정보통신부 · 한국과학기술기획평가원, 2019). 아마존의 '알렉사'처럼 사물인터넷, 애완동물이나 사람의 모습을 한 로봇, 홀로그램 형태까지 다양하다. 대화 상대가 돼 주는 것이 가장 큰 역할이고 점차 노인 대상 서비스로 수렴되고 있는 추세다. 셀프헬프 앱과 심리 지원 챗봇은 모두 스스로의 마음건강을 돌보기 위한 모바일 앱이라는 점에서 유사하다. 단 셀프헬프 앱은 개발될 때부터 전반적인 마음건강의 관리를 통한 예방적 성격이 강하다. 그래서 주된 서비스도 명상, 이완, 수면, 식단 조절, 운동 관리 등을 돕는 것에 집중돼 있다. 한편 심리 지원 챗봇은 조금 더 적극적으로 마음건강의 회복을 돕는 서비스들이다. 심리상담 전문가와 채팅 상담을 하듯이 AI 상담자와 채팅 상담을 하는 형태로 챗봇 상담자로 불리기도 한다. 워봇(Woebot), 와이사(Wysa) 등 주로 인지행동치료에 입각한 서비스들이 주를 이루고 있고, 우울이나 불안의 개선 효과에 대한 실증적 검증도 뒷받침되고 있다(Darcy et al., 2023; Inkster et al., 2018). 이들 가운데 임상 효과가 입증된 서비스들은 디지털 치료제(Digital Therapeutics, DTx)로 허가받아 보조 치료제로 사용되고 있다. 디지털 치료제는 AI, VR(Virtual Reality, 가상현실), 챗봇, 게임, 애플리케이션 등을 이용해 환자를 치료하는 무형의 소프트웨어로, 인지행동치료, 생활습관 교정, 복약 관리 등 3가지 치료 방식으로 구분된다(박안선 · 이승민, 2020). 인지행동치료 모바일 앱으로 12주간의 약물중독 치료 기간 동안 치료에 대한 순응도를 높이는 디지털 치료제인 리셋(reSET)이 미국식품의약국(FDA)으로부터 처음 허가를 받았다. 그 이후 ADHD 치료용 비디오 게임, 만성질환자의 복약 관리나 적정 수준의 약물 투입을 관리하는 기기, 만성 통증 완화를 위한 VR 환경에서의 이완 중심 게임 등 많은 디지털 치료제들이 국내외에서 허가

받아 처방되고 있다.

마음건강을 지원하는 AI 서비스는 병원, 시설, 학교 등 다양한 기관에서 개인 또는 기관 단위로 소비되고 있다. 예컨대 디지털 치료제가 허가돼 처방되면서 의료계에서는 보조적 치료 수단으로 자리 잡아 가고 있다. 병원, 시설, 학교 등 다양한 기관에서 AI 서비스가 개인 또는 기관 단위로 소비되고 있다. 개인이 선택하는 부분도 있지만 전문가 또는 기관이 사용을 지시하거나 권하는 형태라고 할 수 있다. 한편 심리 지원 챗봇이나 챗GPT와 같은 생성형 AI가 심리상담의 대체 서비스로 소비되고 있기도 하다. 심리상담 관련 AI 서비스는 전문가가 시켜서가 아니라 사용자 스스로 찾아 쓰는 서비스로 먼저 다가가고 있다고 할 수 있다. 이 부분에 대한 심리상담 전문가들의 보다 적극적인 개입이 필요하다.

이와 같이 다양한 AI 서비스가 마음건강의 예방, 진단, 치료, 사후 관리를 위해 선보이고 있어 기대가 크다. 다만 여러 마음건강 돌봄(또는 디지털 헬스케어) 서비스들에서 오류들이 발생하면서 실제 현장에 적용하는 것에 대한 우려도 적지 않다. 예컨대 정신건강을 돕는 챗봇의 경우 자해나 자살 사고를 비롯한 응급 상황에 대해 제한적이고 부적절한 반응을 제공할 수 있기 때문에 위험부담이 크다는 점이 지적되고 있다(Koutsouleris et al., 2022). 따라서 AI 기술이 적용된 마음건강 서비스들은 전문가의 지침 아래 사용돼야 한다. 그러나 의사의 처방이 필요한 디지털 치료제를 제외한 모든 마음건강 AI 서비스들은 전문가의 지도나 감독 없이 개인이 마음껏 사용할 수 있기 때문에 이런 문제의 심각성이 더 크다고 할 수 있다.

AI가 심리상담 전문가를 대신할 것인가?

AI 시대 심리상담 전문가는 AI가 자신의 일을 대체할 가능성에 대한 논의에도 관심을 가져야 한다. 앞으로 AI가 사람들이 하는 일을 대신할 것이라는 담론은 끊이지 않고 있다. 최근 독일에서는 AI 도입이 미칠 영향을 직무 중심으로 분석한 보고서를 내놓기도 했는데, AI가 대체 가능한 직무와 대체가 어려운 직무의 특성을 제시하고 있다(Gathmann et al., 2024). 이런 흐름 속에서 AI가 심리상담 전문가의 일을 대신할 것인가라는 질문도 당연히 던져질 질문이다. 그뿐만 아니라 심리상담 서비스에 대한 높은 수요를 해결하기 위한 좋은 대안이라는 점에서도 그 질문에 대한 답이 더욱 궁금해진다.

심리상담은 한 전문가가 제공할 수 있는 서비스의 시

간적 · 공간적 제약이 많다. 고비용이기 때문에 도움을 필요로 해도 비용 부담 때문에 서비스를 받을 수 없고, 이를 개선하기 위한 공적 서비스 제공에서도 전문가가 충분하지 않아 그 수요에 미치지 못하는 것이 현실이다. 이러한 제약으로 인해 심리상담이 필요한 사람들 중 적절한 서비스를 받는 사람보다 그렇지 못한 사람이 더 많다. 일찍부터 심리상담 서비스 제공이 정착한 미국에서도 전문가 부족에 대한 우려가 높다(Fink, 2025). 우리나라도 마찬가지로 청소년의 경우, 정신 질환으로 진료받은 청소년 수는 증가 추세나, 치료가 필요한 대상군의 15%만이 정신건강 서비스에 참여한 적이 있다고 보고됐다(심경섭 외, 2024). 비교적 발견이나 스스로 알아차리기 용이한 정신 질환을 가진 학생들이 서비스를 받는 비율이 이 정도라면 기타 심리적 어려움이 있는 경우는 더 낮은 비율로 심리상담 서비스를 받고 있을 것으로 예상된다. 이와 같이 전문적 서비스가 공급되지 못하는 상황에서 AI 심리상담은 시간, 공간, 전문가 수 등에 제약 없이 서비스를 제공할 수 있다는 점에서 매력적인 대안이다.

또한 실제 상담자를 만나는 것을 불편해하는 사람들에게는 AI와의 상담이 더 적합한 대안이 될 수 있다. 인간 상담자와 AI 챗봇에 대한 태도를 비교한 한 연구에 따르면, 상담에 대해 낙인이 될 것이라고 예상하는 사람들은 AI 챗봇에 대해 긍정적인 태도를 보였다(Hoffman et al., 2024). 즉 상담에 대해 부정적인 태도를 가질 경우 AI 상담이 대안이 될 수 있음을 시사하고 있다. 그러나 이러한 대안에 대한 우려의 목소리 또한 있다. 비대면상담과 AI는 장벽을 줄일 수 있지만, 사회적 불안이나 광장공포증이 있는 사람에게 집을 떠나 상담자와 교류하는 것은 일종의 노출 요법을 제공할 수 있고, 상담실로 가는 여행은 우울증 환자에게 필요한 행동활성화가 될 수 있다는 측면에서 대면상담이 갖는 이점을 잃게 될 수 있다는 지적도 있다(Psychology Today, 2023.3.15).

심리상담을 대신하기 위해 가장 많이 시도되고 있는 대안인 AI 기능을 가진 챗봇의 효과성에도 의문을 제기하고 있다. 실제 사용자들로부터 긍정적인 효과에 대한 결과를 얻고 있기도 하지만(예, 김현숙 외, 2023; Vowels et al., 2024), 이러한 효과 연구에 대한 타당도와 신뢰도는 여전히 앞으로의 과제를 남긴다는 점에서 그대로 수용하기 어렵다. 그래서 아직까지는 심리상담 전문가가 수행하는 상담을 AI가 대신하기는 어렵다는 것이 전문가들의 의견이다. 복잡한 정서 표현을 공감하고 탐색해

내는 것은 현재의 AI로는 어렵기 때문에 심리상담을 AI가 대신하지 못한다는 것이다(Page, 2024). 심리상담 맥락에서의 학습데이터를 충분히 확보하기 어렵고 사용자의 발화를 정확하게 이해하고 자연스러운 상호작용을 위한 자연어 처리 기술 역시 제한적이기 때문에 AI가 인간 상담자를 대체하기에 기술적인 측면에서 많은 한계를 가지고 있다는 지적도 있다(이혜인 외, 2024). 그뿐만 아니라 AI는 명령을 내린 것을 잘 수행할 수 있는 반면, 능동적으로 과제를 처리하지 못하는 한계를 가지고 있다. 이러한 수동성으로 인해 내담자의 내면의 목소리를 따라가는 과정에서 내담자가 자신의 내면에 도달하도록 이끌어 가는 상담자의 역할을 수행하기 어려울 것으로 예상된다.

일반인들의 예측도 마찬가지다. AI가 심리상담을 대신할 수 있을 것인가를 직접 예측한 연구는 찾아보기 어렵지만, 학교상담 업무를 AI가 대신하기 어렵다는 연구 결과가 발표돼 참고할 만하다. 예컨대, 매킨지연구소에서는 AI 기술이 미래 학교에 미칠 영향을 분석하면서 AI가 적용될 경우 교사가 하는 일 가운데 20~30%를 AI가 대체할 것이라는 조사 결과를 내놓았다. 여러 나라 교사와 학생들은 AI가 교사들의 일을 일부 대체하겠지만, 생활지도 및 상담과 학생들의 사회정서역량 증진에서는 AI가 대체할 수 없다고 보고했다(Bryant, 2020).

이와 같이 인간 상담자를 대신할 AI 상담자의 도래는 아직 시기상조인 것으로 보인다. 그러나 효율성, 편리성, 익명성 등에서 AI 상담자를 더 원하는 내담자들이 존재하고 있고, AI 사용에 익숙한 세대가 많아지면서 이런 수요는 더 늘어날 것으로 예상된다. 따라서 심리상담을 AI가 대체하지 못한다는 입장에 머물 것이 아니라, 어떤 AI 상담자를 어떻게 만들어 갈 것인가에 대한 탐구가 심리상담 영역에서 선제적으로 이뤄져야 할 것이다.

앞으로의 과제

AI 기술 또는 AI 응용 서비스를 활용해 내담자를 더 효율적으로 돕기 위해 심리상담 전문가가 해야 할 역할이 많다. 먼저 이미 개발된 AI 기술의 활용이다. AI에게 상담을 맡길 수 있는 단계는 아니지만 여러 가지 활용 가능성은 적지 않다. 헬스케어 분야에서 마음건강 증진을 위해 적용하고 있는 AI 기술들을 상담 매체 또는 보조 수단으로 활용해 상담 성과를 높일 수 있다. AI 에이전트를 비롯한 응용 서비스를 활용해 상담 일정 잡기를 비롯한 행정적 업무를 줄일 수 있다. 이미 의료 영역에서는 적용되고 있는 서비스로 조금만 수정하면 바로 적용해 볼 수 있다. 그뿐만 아니라 상담자 훈련 또는 상담자의 자기 성장을 위해 AI 훈련 플랫폼을 사용해 볼 만하다. 미국에서는 이미 상담자 교육과정에 적용되고 있는 상품들도 있는데, 이런 부분을 도입하는 방안도 구상해 볼 수 있다.

이러한 과제를 수행하기 위해 무엇보다 필요한 것은 심리상담 전문가가 AI에 대해 알아야 한다는 것인데, 바로 AI 리터러시(AI literacy)가 필요하다. AI 리터러시는 최근 'AI 기술을 비판적으로 평가하고, AI와 효과적으로 소통하고 협업하고, 온라인, 가정, 직장에서 AI를 도구로 사용할 수 있게 하는 역량'으로 정의(Long & Magerko, 2020)돼 사용되고 있는 용어다. 인터넷에서 제공하는 방대한 정보를 제대로 활용할 수 있는 디지털 리터러시가 필요하듯이 AI 기술을 잘 활용할 수 있는 AI 리터리시가 필요한 시점이다. 이를 위해 미국심리학회에서는 최근 심리학 분야에 종사하는 전문가들이 AI를 안전하게 활용할 수 있도록 돕는 자원들을 다음과 같이 소개하고 있다(Abrams, 2025).

● "Companion Checklist: Evaluation of an AI-Enabled Clinical or Administrative Tool (PDF)": 미국심리학회 헬스

케어부(APA's Office of Health Care Innovation)가 만든 자료로 상담 실무자들이 AI 도구를 심리상담 장면에서 어떻게 사용해야 하는지를 알려 준다.

● The Society for Digital Mental Health: 매년 정기적 모임을 가지면서 디지털 정신건강의 발전을 도모하는 전문가들의 협력을 이끌어 주는 모임이다.

● The International Society for Research on Internet Interventions: 디지털 정신건강 및 디지털 건강행동에 대해 연구하는 전 세계 학자들의 모임이다.

● The Journal of Medical Internet Research: 디지털 헬스에 관한 최신 연구를 다루는 학술지다.

● APA's Mental Health Technology Advisory Committee: 새로운 정신건강 기술 개발을 심리학이 주도하는 활동에 참여한다.

● The Chronicle of Higher Education: AI가 고등교육에 미치는 영향에 대한 소식을 전한다.

● The Journal AI & Society-Knowledge, Culture and Communication: AI의 사회적, 인지적 영향부터 윤리적, 철학적 영향까지를 포괄적으로 다루는 다학제적 연구를 다루는 학술지다.

● Science in the Age of AI: The Royal Society의 보도 내용

으로 AI가 여러 학문 영역에서 연구를 어떻게 변화시켜 나갈 것인지를 다루고 있다.

미국상담학회에서도 '미국상담학회 AI 위원회(ACA AI Work Group)'를 만들어 심리상담 영역에서의 AI를 비롯한 첨단 기술 개발과 보급에 심리상담 전문가들이 적극 참여할 수 있도록 돕고 있다(Whitcomb, 2025). 이와 같은 정보가 지금 당장 우리나라 심리상담 전문가들에게 크게 도움이 되지 않을 수 있지만, 앞으로 우리가 해야 할 일의 지향점을 알려 주고 있다. 심리상담 전문가들이 연구와 실무에서 AI 도구를 잘 활용할 수 있도록 이끌어 줄 구체적 지침(윤리적 사용 포함), 학문적 공동체 형성, 개발 참여 등의 과제를 던져 준다. 여기에 제시된 자원들을 활용하는 것에서 출발해 우리 실정에 맞는 고유한 자원들을 만들어 가는 미래를 기대한다.

참고문헌

고정은 외(2024). 비대면 노인상담서비스의 효과성 분석을 위한 기초연구. ≪한국산학기술학회 논문지≫, 25(1), 138-145쪽.

과학기술정보통신부·한국과학기술기획평가원(2019). 『소셜 로봇의 미래: 2019년 기술영향평가 결과』. 과학기술정보통신부·한국과학기술기획평가원.

김현숙 외(2023). AI 기반 초개인화 정신건강 상담시스템 설계 및 효과성에 관한 연구. ≪인문사회 21≫, 14(3), 3777-3790쪽.
나은혜 외(2024). 중년의 대면, 전화, 이메일, 채팅, 화상, 웹/모바일, 가상현실 상담에 대한 인식 연구. ≪상담학연구≫, 25(4), 45-73쪽.
박안선·이승민(2020). 『디지털 치료제의 현황 분석 및 발전 방향』. 한국전자통신연구원.
방준성·황명하(2024). 대화형 봇을 위한 감정 이해 기술 동향. ≪정보과학회지≫, 42(1), 34-41쪽.
소수연 외(2020). 『화상상담 매뉴얼』. 한국청소년상담복지개발원.
송근혜 외(2020). 정신건강을 위한 인공지능 활용과 유망 서비스. ≪전자통신동향분석≫, 35(6), 12-23쪽.
심경섭 외(2024). 『2023년 청소년 정신건강실태조사 최종보고서』. 보건복지부 국립정신건강센터.
유현실·이태희(2022). 잠재적 내담자의 자기은폐 및 자기개방과 상담 이용 의도의 관계에 대한 전문적 도움추구태도의 매개효과: 대면 및 비대면 상담 형태 선호에 따른 다집단 분석. ≪한국심리학회지: 상담 및 심리치료≫, 34(4), 1431-1454쪽.
이영주 외(2022). 비대면 심리상담의 내담자 경험에 대한 탐색: 원격상담 모바일 앱을 중심으로. ≪학습자중심교과교육연구≫, 22(9), 707-732쪽.
이혜인 외(2024). AI 챗봇 기술을 활용한 심리상담 서비스의 기술적 한계점 분석. ≪ASK 2024 한국정보처리학회 학술대회논문집≫, 31(1), 875-877쪽.
Abd-Alrazaq, A. A., et al.(2020). Effectiveness and safety of using chatbots to improve mental health: Systematic review and meta-analysis. *Journal of Medical Internet Research*, 22(7), e16021.
Abrams, Z.(2025). Artificial intelligence is impacting the field: As

AI transforms our world, psychologists are working to channel its power and limit its harm. *Monitor on Psychology*, 56(1), pp.46–49.

Bryant, J., et al.(2020). *How artificial intelligence will impact K-12 teachers.* McKinsey & Company.

Darcy, A., et al.(2023). Anatomy of a Woebot®(WB001): Agent guided CBT for women with postpartum depression. *Expert Review of Medical Devices*, 20(12), pp.1035–1049.

Evans Jr., A. C. (2024). AI's profound impact: Psychology's enormous opportunities to shape AI's influence. In American Psychological Association, *Artificial intelligence: Redefining the future of psychology* (p. 4). Washington D. C.: American Psychological Association.

Fink, J. L. W.(2025). The road to tomorrow. Counseling Today. https://www.counseling.org/publications/counseling-today-magazine/article-archive/article/ct-jan-2025/the-road-to-tomorrow

Gathmann, C., et al.(2024). *AI, task changes in jobs, and worker reallocation.* IZA DP No. 17554.

Han, B., et al.(2024). *Knowledge-based Emotion Recognition using Large Language Models.* arXiv:2408.04123.

Hoffman, B. D., et al.(2024). Understanding young adults' attitudes towards using AI chatbots for psychotherapy: The role of self-stigma. *Computers in Human Behavior: Artificial Humans,* 2(2), 100086.

Inkster, B., et al.(2018). *An* empathy-driven, conversational artificial intelligence agent (Wysa) for digital mental well-being: Real-world data evaluation mixed-methods study. *JMIR mHealth and uHealth*, 6(11), e12106, pp.1-14.

Jabir, A. I., et al.(2023). Evaluating conversational agents for mental health: Scoping review of outcomes and outcome measurement instruments. *Journal of Medical Internet Research*, 25, e44548.

Jesuthasan, R., & Kreacic, A. (2025). *Jobs and the future of work: 3 key questions to kickstart your AI transformation.* World Economic Forum Annual Meeting. https://www.weforum.org/stories/2025/01/genai-transformation-skills-workforce/?utm_source=sfmc&utm_medium=email&utm_campaign=2845760_Wednesday22January2025-ForumStoriesDailyAm25&utm_term=&emailType=Forum%20Stories.

Koutsouleris, N., et al.(2022). From promise to practice: Towards the realisation of AI-informed mental health care. *The Lancet Digital Health,* 4(11), pp.829-840.

Long, D., & Magerko, B.(2020). What is AI literacy? Competencies and design considerations. *Proceedings of the 2020 CHI conference on human factors in computing systems,* pp.1-16.

Page, C.(2024). In a world with artificial intelligence, what can I do with a psychology degree?. *Psychology Student Network,* 12(1). https://www.apa.org/ed/precollege/psn/2024/02/ai-and-psychology.

Parsons, E. M., et al.(2025). Relative preference for in-person, telehealth, digital, and pharmacologic mental health care after the Covid-19 pandemic: Cross-sectional questionnaire study. *Journal of Medical Internet Research*, 27, e54608, pp.1-10.

Psychology Today (2023.3.15). How artificial intelligence could change psychotherapy: Will AI replace the human-to-human experience of psychotherapy?

Renn, B. N., et al.(2019). Preference for in-person psychotherapy versus digital psychotherapy options for depression: Survey of adults in the US. *NPJ digital medicine*, 2, 6, pp.1-7. https://doi.org/10.1038/s41746-019-0077-1.

Strait, S.(2025). Top 10 trends to watch in 2025: Notable changes and developments are poised to influence the field of psychology in profound ways. *Monitor on Psychology*, 56(1), pp.44-85.

Vowels, L. M.(2024). Are chatbots the new relationship experts? Insights from three studies. *Computers in Human Behavior: Artificial Humans*, 100077, pp.1-10.

Vowels, L. M., & Sever, Z.(2023). Are digital interventions the next frontier in sex therapy? A mixed methods study examining attitudes toward digital sex therapy. *Journal of Sex & Marital Therapy*, 49(8), pp.1043-1061. https://doi.org/10.1080/ 0092623X.2023.2243266

Whitcomb, I.(2025.1). Innovation unleashed. Counseling Today, https://www.counseling.org/publications/counseling-today-magazine/article-archive/article/ct-jan-2025/innovation-unleashed

01
심리상담에 적용 가능한 AI 기술

AI를 구현하는 기술은 무엇보다 많은 정보와 데이터를 학습시켜 새로운 해답을 내놓게 하는 것에 집중되고 있다. 어떻게 학습시키고, 어떤 입력을 하고, 어떻게 산출하게 하는지에 대한 다양한 기술 개발이 이뤄지고 있다. 이러한 많은 AI 기술들 가운데 심리상담과 밀접히 관련되거나 심리상담에 새로운 지평을 열어 줄 기술에 대해 심리상담 전문가들은 알고 있어야 할 것이다.

AI와 1인 창업?

AI는 학습시키거나 명령한 내용을 사람 대신 실행한다. 상담자가 없이 AI가 상담을 이끌어 가게 될 것이다. 지금 AI는 학습한 내용을 토대로 새로운 산출물을 만들어 내고 있고, 가능한 한 적은 비용으로 가능한 한 간편하게 이용할 수 있으면서 예측의 정확성을 높이는 방향으로 발전하고 있다. 아직은 AI가 심리상담 전문가들을 완전히 대체하지 못하고 있지만, 향후 심리상담 전문가들이 공유하고 축적해 온 이론과 실무 관련 지식과 경험을 학습한 AI가 심리상담 영역에서 역할을 하게 될 것이다. 이를 위해 심리상담 전문가가 기여해야 할 부분도 크다. AI 구현을 위한 기술적 측면은 심리상담 전문가가 이해하기 어려운 영역이지만, 심리상담과 관련된 기술에 대해 파악해야 심리상담 AI 개발에 기여할 수 있을 것이다.

심리상담에서 AI 기술은 주로 챗봇이 상담자 대신 상담을 해 주는 형태로 적용되고 있다. 챗봇은 구현 방식에 따라 학습 기반 모델(learning model)과 규칙 기반 모델(rule-based model)로 구분된다(Jokinen & McTear, 2009). 지금까지 심리상담 챗봇에 적용된 AI 기술은 대부분 규칙 기반 AI다. 대표적인 심리상담 AI인 와이사(Wysa)나 워봇(Woebot) 역시 규칙 기반 AI로 현재 구동 중이고 생성형 AI 기술 접목을 위해 노력 중이다. 규칙 기반 챗봇은 스스로 새로운 반응을 생성하는 기능보다는 이미 준비된 반응, 조언, 지침 등을 사용자의 반응에 맞춰 제공한다. 규칙 기반 챗봇은 준비되지 않은 내용에 답을 하지 못한다는 한계를 갖기 때문에 보다 발달된 AI 기능을 접목해 심리상담 AI 서비스를 개선하려고 노력하는 것이다. 앞으로 심리상담 서비스에 적용될 AI 기술 중 심리상담 전문가가 주목해 볼 만한 기술은 감정 인식 기술, 대화 기술, 생성형 AI가 대표적이라고 할 수 있다.

감정 인식 기술

감정 인식 기술은 얼굴 표정 평가, 발화 패턴 분석, 생체 신호 해석, 음성 인식, 표현된 글 평가 등으로 발전해 왔고, AI 기술이 적용되면서 그 정확성을 높이고 있다(Alheeti et al., 2023). 그래서 감정 인식 기술의 주요 데이터는 텍스트, 얼굴 표정, 생체 신호가 대표적이다.

감정은 의도하지 않아도 심박도, 피부 온도와 같은 생체 신호로 나타나고, 사람들은 얼굴 표정과 말 또는 글(텍스트)을 통해 자신의 감정을 다른 사람에게 표현한다. 여기에 근거해 감정을 읽어 내는 것이 감정 인식 기술이라고 할 수 있다. 생체 신호를 통한 감정 인식 기술은 감정 인식 기술에서 가장 먼저 등장해 적용 영역도 다양하다. 그래서 상품화도 먼저 됐고, 웨어러블 또는 스마트폰(워치)을 통한 스트레스 측정은 많은 사람들에게 익숙하다. 이제는 AI 기술을 적용해 더 나은 예측을 할 수 있음이 소개되고 있다(예, Abdelfattah et al., 2025).

텍스트를 통해 감정을 예측하는 것은 발화와 글쓰기 내용에 모두 해당된다. 상담의 경우라면 내담자가 말하고 있는 내용으로, 일반적 상담의 대화 내용이나 채팅상담이나 게시판상담의 텍스트가 모두 포함된다. 상담자는 상담을 진행하면서 내담자가 직접 자신의 감정을 말로 표현하지 않아도 내담자의 이야기 속에서 정서를 알아차릴 수 있는 것과 같은 원리다.

얼굴 표정을 통해 감정을 읽어 내는 기술은 사람들이 사회적 상호작용에서 가장 많이 하는 감정 인식을 기계로 대신한다는 비전으로 일찍부터 관심을 받던 영역이다. 표정을 분석하는 코딩 시스템은 이미 70년대에 제안이 됐고(The Facial Action Coding System, FACS, Ekman & Friesen, 1978), 이 시스템을 자동화할 수 있는 기술에 이르고 있다(Bartlett et al., 2005). 최근에는 AI 기술을 적용해 감정 인식 기술을 향상하는 솔루션들이 제시되고 있고(예, Ballesteros et al., 2024; Han et al., 2024), 어느 하나의 자료를 사용하기보다는 두 가지 이상의 정보를 동시에 사용하기도 한다. 예컨대 얼굴의 이미지로부터 얻은 정보와 심박수 정보를 함께 적용해 감정 인식의 정확도를 높이거나(Tao et al., 2024), 얼굴에서 직접 생체 신호를 확보해 감정 인식을 수행하는 기술도 선보이고 있다(Liu et al., 2024).

생체 신호, 텍스트, 얼굴 표정 등을 통해 감정을 읽어내는 기술이 발전하면서, 어펙티바(Affectiva)나 블루스카이 AI(Blueskeye AI)와 같이 정서 상태 분석을 주된 서비스로 제공하는 제품들도 출시되고 있다. 또한 이러한 기술을 실제 심리상담에 적용하는 연구도 우리나라에서 수행되고 있다. 텍스트로부터 긍정적 정서와 부정적 정서를 추론하는 단계를 추가한 심리상담 챗봇(안세훈 · 정옥란, 2021)부터 비언어적 정보와 언어적 정보를 모두 분석해 온라인상에서 상담자가 파악하기 어려운 내담자의 감정 상태를 해석하는 데 도움을 주는 비대면 심리상담 플랫폼(김석원 외, 2023)까지 다양하다. 다만 사람마다 이전의 경험이나 상황에 따라 현재의 감정이 다르다는 점과 여러 감정이 복합적으로 표출되는 경우에 이를 개별 감정으로 분해해 인식하는 것의 어려움으로 인해 감정 인식 기술은 그 성능 향상이 어렵다는 지적도 있다(방준성 · 황명하, 2024).

언어모델

인간과 대화를 할 수 있는 기계를 만들겠다는 인간의 열망은 오래전부터 있어 왔다. AI 기술이 추구하는 하나의 비전이기도 하다. 기계에 명령하지 않아도 스스로 해야 할 것을 추론해 시행하는 AI는 인간과의 대화가 가능하게 하는 영역에서 자연어 처리라는 기술로 발달해 왔다. 인간이 쓰는 언어를 자연어(natural language)로 명명하고 사람들이 하는 말을 분석하고, 이해하고, 그에 근거해 기계가 하는 말을 스스로 만드는 자연어 처리 기술이 꾸준히 발전해 오고 있다. 머신러닝(기계학습, machine learning) 그리고 나아가 인간의 신경망 모델을 접목한 딥러닝(deep learning)을 통해 많은 데이터를 학습하고 여기에 기반한 추론을 통해 일상 대화, 답변, 번역, 요약 등을 산출해 낸다. 음성을 텍스트로 변환하는 기능도 가능해 대화를 하는 방식에서 음성과 텍스트 지원이 모두 가능하다.

대화 기술을 구현하는 언어모델은 어떤 것을 학습했는가에 따라 그 기능이 달라진다. 예컨대 우리나라에서는 AI 허브(aihub.or.kr)를 통해 한국어, 헬스케어, 교육 등 14개 분야의 AI 학습용 데이터를 구축해 제공하고 있어 언어모델 구축에 필요한 데이터를 활용할 수 있다. 여기에서 제공하는 '아동 · 청소년 상담 데이터', '공감형 대화'. '감성 대화 말뭉치', '웰니스 대화 스크립트 데이터셋' 등은 심리상담 언어모델 구축을 위해 활용이 가능한 데이터들이다.

생성형 AI

AI의 대화 기술은 자연어 처리를 하는 언어모델에서 생성형 AI로 확장됐다. 일반인에게 가장 익숙한 챗GPT로 대표되는 거대언어모델(large language model, LLM)에 기반한 생성형 AI다. 거대언어모델은 용어에서 표현되고 있듯이 언어모델 중 가장 큰 규모를 가지고 있음을 의미한다. 대량의 데이터를 학습해 이전 언어모델과는 비교가 되지 않는 성능을 보여 주는 기술이다. 챗GPT에서 경험하고 있듯이 AI는 인간에 가까운 대화 기술을 보여 주고 있다. 텍스트를 넘어 음성, 이미지, 비디오, 생체 신호 등이 포함돼 보다 인간에 가까운 대화를 구현할 수 있다.

한편 거대언어모델의 자연어 생성(언어 구사 능력)은 일상 대화를 넘어 기사를 작성하고 소설을 쓰는 등 글쓰기까지 가능하게 했다. AI가 생산해 내는 글의 편견이나 오류에 대한 비판과 함께 앞으로 기술이, 사람이 말하고 읽고 쓰고 생각하는 방식을 얼마나 구현해 낼 것인가에 대한 관심이 높다(Baron, 2024). 이와 같은 맥락에서 생성형 AI가 심리상담 전문가와 같은 대화를 이끌어 갈 수 있을 것인가에 관심이 높다. 의료인들이 상담을 해 주는 게시판(Reddit's r/AskDocs)에 올라온 질문에 챗GPT에게 답하게 하고 의료인이 답한 내용과 비교한 연구에서, 챗GPT가 응답의 길이와 질, 선호도, 공감 면에서 모두 더 높은 평가를 받았다(Ayers et al., 2023).

나아가 심리상담에서 관심을 가져야 할 부분은 거대언어모델이 적용된 생성형 AI에 대한 우려의 목소리다. 거대언어모델로 생성되는 자연어 문장은 의미 등을 고려하지 않고 학습 데이터에서 계산된 확률값에 의존하기 때문에 종종 혐오 발언, 개인정보 데이터 노출, 폭력적 및 차별적 편향 데이터 생성뿐만 아니라 환각(hallucination)이라고 불리는 거짓 정보를 그럴듯하게 생성하는 문제가 발생할 수 있기 때문이다(권오욱 외, 2023). AI 전문가들조차도 현재 보급되고 있는 생성형 AI의 연구 개발 과정부터 잘못되었다는 지적을 하고 있다(바이라인네트워크, 2025.4.1). 이렇게 정확한 결과물이나 안전한 사용이 보장되지 않은 채 빠른 속도로 그 활용이 늘고 있어 우려가 크다.

참고문헌

권오욱 외(2023). 초거대 언어모델과 수학추론 연구 동향. ≪전자통신동향분석≫, 36(8), 1-11쪽.

김석원 외(2023). 감정분석 시스템을 활용한 비대면 심리상담 플랫폼 개발. ≪2023년도 한국경영정보학회 춘계 학술대회 자료집≫, 115-120쪽.

바이라인네트워크(2025.4.1.). "지금 AI 연구 방향 잘못됐다" AI 전문가들 설문조사.

방준성·황명하(2024). 대화형 봇을 위한 감정 이해 기술 동향. ≪정보과학회지≫, 42(1), 34–41쪽.

안세훈·정옥란(2021). 감정분석 기반 심리상담 AI 챗봇 시스템에 대한 연구. ≪한국IT서비스학회지≫, 20(3), 75-86쪽.

Abdelfattah, E., et al.(2025). Machine and deep learning models for stress detection using multimodal physiological data. *IEEE Access*, 13, 4597-4508.

Alheeti, A. A. M., et al.(2023, 11). Emotion Recognition of Humans using modern technology of AI: A Survey. *2023 7th International Symposium on Innovative Approaches in Smart Technologies (ISAS)* pp. 1-10. IEEE.

Ayers, J. W., et al.(2023). Comparing physician and artificial intelligence chatbot responses to patient questions posted to a public social media forum. *JAMA internal medicine,* 183(6), pp.589-596.

Ballesteros, J. A., et al.(2024). Facial emotion recognition through artificial intelligence. *Frontiers in Computer Science*, 6, 1359471.

Baron, N. S. (2024). AI and Human Writing: Collaboration or Appropriation?. In L. Fortunati & A. Edwards (Eds.), *The De*

Gruyter Handbook of robots in society and culture 3, (pp. 137-160). Berlin, Germany: Walter de Gruyter GmbH.

Bartlett, M. S., et al.(2005). Toward automatic recognition of spontaneous facial actions. In P. Ekman & E. L. Rosenberg (Eds.), *What the face reveals: Basic and applied studies of spontaneous expression using the facial action coding system (FACS)* 2nd ed.,(pp. 393-426). Oxford University Press.

Ekman, P., & Friesen, W. V.(1978). *Manual for the facial action coding system.* Consulting Psychologists Press.

Han, B., et al.(2024). Knowledge-based emotion recognition using large language models. *arXiv preprint arXiv:2408.04123.*

Jokinen, K., & McTear, M.(2009). Spoken dialogue systems. *Synthesis Lectures on Human Language Technologies,* 2(1), pp.1-151.

Liu, I., et al.(2024). Your blush gives you away: detecting hidden mental states with remote photoplethysmography and thermal imaging. *PeerJ Computer Science,* 10, e1912.

Tao, X., et al.(2024). Facial video-based non-contact emotion recognition: A multi-view features expression and fusion method. *Biomedical Signal Processing and Control,* 96, 106608.

02
위기를 감지하는 AI

심리적 위기에 직면할 때 스스로 어려움을 호소하며 상담실을 찾는 내담자들이 있다. 그러나 자신이 위기 상태에 있다는 인식조차 하지 못한 채 어려움을 가중하고 있는 경우가 더 많다. 이런 심리적 위기에 처한 개인을 발견하고 조기에 도움을 받을 수 있도록 조치하는 것이 필요하다. 개인의 언어 및 비언어적 행동을 감지해 심리적 위기를 파악하는 AI 기술이 등장하고 있는데, 잠재적인 내담자를 발견하거나 진행 중인 사례에서 위기를 포착하는 도구로 활용될 수 있다.

AI와 MBTI?

바쁜 일상 속에서 자신이 어떤 어려움을 겪고 있는지 잘 모르고 지나치는 경우가 적지 않다. 그저 참아야 하는 일이라고만 생각하며 견디는 것이다. 겉으로 드러나는 증상들이 명확한 질환은 쉽게 포착되지만 증상이 분명하지 않은 경우 참고 지나가는 동안 병을 키우기도 한다. 심리적 어려움이나 마음건강의 문제는 잘 알아차리기도 어렵고 다른 사람에게 말하기도 힘들어 참거나 모른 채 지나가는 경우가 더 많다. 무엇보다 심리검사 등을 통해 심리 상태를 점검하는 것이 필요한데, 바쁜 와중에 시간을 내어 심리검사를 받는다는 것은 쉬운 일이 아니다. 이를 개선하기 위해 보다 간편하고 편리하게 수시로 심리적 상태를 점검할 수 있는 방안들이 제안되고 있다. 디지털 표현형 분석, 웨어러블 기반 생체 신호 감지, 얼굴 인식 기술 등이 대표적이다. 잘 활용하면 위기 감지 및 앞으로 겪게 될 정신 병리를 비롯한 심리적 어려움에 대한 예방 차원에서 도움을 줄 수 있다.

디지털 표현형

신속하고 편리한 개인의 심리 상태 점검을 위해 활용해 볼 수 있는 기술은 디지털 표현형(Digital phenotyping, Jain et al., 2015)이다. 디지털 표현형은 온라인상에서의 활동을 추적해 생각이나 태도, 특성을 예측하는 방법의 하나로, SNS에 나타난 내용을 통해 건강 상태 및 질병을 파악하는 방법으로 제안됐다. 이런 디지털 표현형의 활용 영역 중 하나가 마음건강 위기 감지다. 예컨대 우울 감지 디지털 표현형 제품들이 일찍부터 시장에 많이 등장했는데, 여러 제품(MONARCA, PRIORI, SIMBA, PSYCHE 등)을 검토해 본 결과, GPS, 심전도, 체온, 스마트폰 사용량, 목소리 등이 우울 진단에 유용한 것으로 알려져 있다 (Bourla et al., 2017).

빅데이터 분석 기술의 발달로 내담자 반응으로부터 위기 감지 단어를 추출하는 작업도 진행 중이다. 토크스페이스(Talkspace)에 근무하는 한 연구원과의 인터뷰 내용을 보면, 축적된 빅데이터 분석을 통해 전반적 위기 또는 특정 정신 병리 위기의 신호가 되는 내담자 반응을 추출하고, 그 반응이 나타날 때마다 상담자에게 알리는 시스템이 토크스페이스에 적용되고 있다고 한다. 최근에는 SNS 활동에서 보이는 언어 사용 패턴, 행동 변화, 일시적 변화 등을 토대로 우울 일화, 조증 일화, 자살 사고, 불안 위기 등을 조기 발견하는 AI 모델의 효과가 입증되기도 했다(Mansoor & Ansari, 2024).

웨어러블 기반 생체 신호 감지

심리 상태를 점검하고 위기를 감지하기 위해 개발된 헬스케어 스마트폰 앱은 웨어러블을 통해 수집된 생체 신호를 활용하는 경우가 많다. 생체 신호 기반 마음건강 측정 기술은 웨어러블 디바이스를 이용한 맥파(PPG), 심전도(ECG), 뇌파(EEG), 피부 전도도(EDA), 피부 온도(SKT) 등의 생체 신호를 측정해 사용한다(김민정 외, 2021). 스마트 워치나 스마트 밴드를 통해 자신의 걸음 수나 수면 시간 등을 체크하는데, 이 기술이 마음건강 영역에 확장되고 있다.

예컨대 필리스트밴드(Feel Wristband)는 손목에, 스파이어헬스태그(Spire Health Tag)는 옷에 부착해 심박수와 같은 스트레스와 밀접히 관련되는 신체 신호를 수집한다. 또한 바이오피드백 기기들이 웨어러블을 통해 신체 신호에 대한 피드백을 주면서 건강한 상태를 스스로 찾아가는 것을 돕고 있다.

얼굴 인식 기술

최근에는 스마트폰의 카메라를 이용해 얼굴에 나타나는 감정을 비롯한 신체 상태를 확인하는 기술이 발달하면서, 심리적 위기 감지에도 적용되고 있다. 얼굴 인식 기술은 범죄 수사 영역에서 오래전부터 발전해 온 것으로 정확도를 높이는 기술이 상당히 발달해 있다. 이미 우리 일상생활에 들어와 있는 기술이라고 할 수 있는데, 입출국 절차가 자동화된 곳에서는 여권의 얼굴과 개인의 얼굴을 비교하는 단계에 얼굴 인식 기술이 적용되고 있다. 많은 영화와 드라마를 통해 얼굴 데이터베이스를 통해 범인을 찾아내는 것도 볼 수 있다.

이와 함께 표정을 읽어 감정 상태를 파악하는 기술과 얼굴의 혈류량을 통해 심박수를 비롯한 여러 생체 신호를 확인하는 기술이 또 다른 방향으로 발달해 오고 있다. 심박수와 같은 생체 신호를 직접 측정하지 않고 얼굴에서 생체 신호를 얻어 내는 것이다. 그리고 이러한 얼굴 인식 기술은 마음건강 영역에 적용되고 있다.

음성, 얼굴 표정, 생체 신호로부터 개인의 감정을 인식하는 기술은 이미 오래전에 개발됐고(신동일, 2007), 최근에는 AI 기술을 접목해 더욱 정교해지고 있다. 정서 관련 표정 이미지의 빅데이터를 학습시킨 AI 엔진으로 사용자의 감정을 구분할 수 있음이 확인됐고(Jaiswal et al., 2020), AI 기술의 개선을 통해 우울을 보다 정확하게 예측할 수 있음도 확인됐으며(Nixon et al., 2022), 정확도를 높이기 위한 노력이 계속되고 있다(예, Ballesteros e al., 2024; Chaithra et al., 2024).

얼굴에 나타나는 표정만이 아니라 혈류량을 통해 생체 신호를 파악해 감정 상태를 파악하는 기술도 선보이고 있다. 스마트폰 카메라를 이용해 심장박동, 심장박동 변이율, 산소포화도, 호흡도, 스트레스 수치, 혈압 등을 측정할 수 있는 효과적인 방법론이 다각적으로 등장하면서 가능해진 대안이다(김대열 외, 2021). 심박수와 피부 온도가 감정 상태의 지표라는 근거에서 출발해 얼굴의 혈류량 분석 AI를 통한 감정 인식 기술을 향상한 연구(Liu et al., 2024)에 이르고 있다.

실제 스마트폰의 카메라 등의 센서에서 표정, 시선, 동작 등을 감지해 그때그때 감정 상태를 비롯한 건강 관련 지표를 파악하는 것을 주된 서비스로 제공하는 제품들도 출시되고 있다. 해외의 어펙티바(Affectiva)와 블루스카이 AI(Blueskeye AI), 국내의 웰니스고(wellnessgo) 등이 그 대표적 사례이고 이외에도 국내외에서 활발하게 플랫폼들이 선보이고 있다. 이러한 제품들이 개인의 심리적 위기 감지를 목적으로 개발된 것은 아니지만 위기 감지에도 충분히 활용이 가능한 것으로 관심을 가져 볼 만한 솔루션들이다.

정신 병리 위기 감지의 한계

이렇게 정신 병리 측면에서의 위기 상태를 AI 기술을 도입해 파악하고자 하는 노력은 꾸준히 진행되고 있다. 위기 감지의 효율성이나 경제적 이득 면에서 계속 관심을 갖게 되는 영역이다. 최근에는 머신러닝을 통해 대학생들의 불안과 우울 위기를 미리 예측하는 모델이 소개됐는데, 재정 상태, 소속감, 장애, 연령이 불안과 우울의 가장 강력한 예언 변인임도 확인했다(Zhai et al., 2025).

이러한 연구 결과에도 불구하고 실제 임상 장면에 본격적으로 도입되고 있지는 못한 실정이다. 연구자들은 시각적, 청각적, 언어적, 생리적 특징을 활용해 진단을 예측하거나 돕는 모델을 훈련하는 데에 어느 정도 성공을 거뒀지만 정신 병리의 주관적 특성상 정확한 진단에 적용되기는 어렵다는 의견을 제시하고 있다(Yan et al., 2023). 심지어 SNS 사용 패턴을 통한 정신 병리 위기 감지는 전문가의 위기 감지보다 더 빨랐지만, 여전히 개인정보 보호, 낙인 효과, 문화적 편견 등에 대한 고려가 더 필요하다는 결론을 내리고 있다(Mansoor & Ansari, 2024).

참고문헌

강보윤 외(2020). 20대 멘탈 헬스를 위한 AI 그림일기 미술치료 앱 서비스 제안, '마치'. ≪한국 HCI 학회 학술대회 자료집≫, 977-981쪽.

김대열 외(2021). 안면 이미지 데이터를 이용한 실시간 생체징후 측정시스템. ≪방송공학회논문지≫, 26(2), 132-142쪽.

김민정 외(2021). 멘탈헬스 측정 및 멘탈웰빙 관리시스템 기술개발 동향. ≪전자통신동향분석≫, 36(5), 32-41쪽.

신동일(2007). 감정인식 기술 동향. ≪주간기술동향≫, 1283, 1-9쪽.

Ballesteros, J. A., et al.(2024). Facial emotion recognition through artificial intelligence. *Frontiers in Computer Science*, 6, 1359471.

Bourla, A., et al.(2017). Assessment of mood disorders by passive data gathering: The concept of digital phenotype versus psychiatrist's professional culture. *L'encephale,* 44(2), pp.168-175.

Can AI Help in Diagnosing & Helping Mental Health, https://www.youtube.com/watch?v=wca6KR3dTak

Chaithra, G., et al.(2024, 8). *Emotion detection using deep learning.* In 2024 Second International Conference on Networks, Multimedia and Information Technology (NMITCON). pp. 1-6. IEEE.

Jain, S. H., et al. (2015). The digital phenotype. *Nature Biotechnology,* 33(5), pp.462-463.

Jaiswal, A., et al.(2020, June). *Facial emotion detection using deep learning.* In 2020 international conference for emerging technology (INCET). pp.1-5). IEEE.

Liu, I., et al.(2024). Your blush gives you away: detecting hidden mental states with remote photoplethysmography and thermal imaging. *PeerJ Computer Science*, 10, e1912.

Mansoor, M. A., & Ansari, K. H. (2024). Early detection of mental health crises through artifical-intelligence-powered social media analysis: A prospective observational study. *Journal of Personalized Medicine*, 14(9), 958, pp.1-12.

Nixon, D., et al.(2022). novel AI therapy for depression counseling using face emotion techniques. *Global Transitions Proceedings*, 3(1), pp.190-194.

Yan, W. J.,et al.(2023). Challenges for artificial intelligence in recognizing mental disorders. *Diagnostics,* 13(2), pp.1-10.

Zhai, Y., et al.(2025). Machine learning predictive models to guide prevention and intervention allocation for anxiety and depressive disorders among college students. *Journal of Counseling & Development*, 103(1), pp.110-125.

03

진단 단계에서의 AI 활용

내담자로부터 다양한 정보를 수집해 상담에서 다뤄야 할 문제를 파악하고 합의하는 진단 과정은 심리상담의 출발점이다. 이러한 내담자의 현 상태 진단에 AI가 적용될 수 있는데, 심리검사 실시 및 해석, 접수 면접 내용 요약, 사례 개념화 등 다양한 영역에서 AI 기술의 도움을 받을 수 있다.

AI와 난임 극복?

진단 단계에서 상담자는 위기 여부를 확인하고, 심리검사를 실시하고, 정보 수집을 위한 체계적인 면접을 진행하고, 언어적 · 비언어적 행동을 관찰하는 등 다양한 활동을 한다. 이 가운데 AI 기술 적용이 가장 많이 시도되고 있는 영역은 심리검사다. 심리검사는 상담에서 다룰 문제를 발견하고 이해하는 데 객관적 근거를 제공해 준다. 심리검사는 상담자가 도움을 주기 위해 필요한 정보만이 아니라, 내담자가 자신을 더 잘 이해하고 미래를 위한 계획을 세우는 데에 필요한 정보도 제공한다. 따라서 상담 초기 다양한 심리검사가 사용되고 있는데, 심리검사를 포함한 진단 단계에서 AI 기술을 활용할 수 있다.

AI 심리검사

이미 많은 테크놀로지가 심리검사 영역에 적용돼 오고 있는데, AI 기술이 적용됨으로써 한 단계 더 나아가게 될 것이다. 심리검사 영역에서 테크놀로지가 도입된 가장 대표적인 사례는 기존의 심리검사 채점을 자동화해 채점 시간을 절약한 것과 지필 검사로 실시하던 것을 온라인상에서 응답할 수 있도록 한 것이다(황매향, 2021). 무엇보다 테크놀로지의 적용은 기존의 심리검사와는 다른 방식으로 내담자의 정보를 수집하는 대안적 심리검사의 개발에서 더 빛을 발한다. 테크놀로지를 적용해 제시된 대안적 심리검사는 이미 소개된 지 오래됐는데, 스마트폰 앱, 웨어러블, 게임, 가상현실(VR), 디지털 표현형, 빅데이터 등의 영역에서 출발하고 있다(Clay, 2019).

이러한 테크놀로지 적용 심리검사에 AI가 접목되고 있다. 심리검사에 적용된 AI 기술은 전통적 심리검사와 함께 이러한 여러 대안적 심리검사의 실시, 채점, 결과 제시, 활용 등에서 보다 확장된 솔루션을 내놓고 있다. 코로나19 감염병 사태를 통해 비대면 서비스가 급격하게 늘어나면서 거의 모든 심리검사를 온라인으로 실시하는 것이 가능해졌다. 심리검사의 온라인화 과정에서 채점이나 결과 제시의 자동화가 이뤄졌다. 나아가 첨단 기술이 적용된 대안적 심리검사들은 실시, 채점, 결과 제시에서 전문가가 거의 관여하지 않아도 된다.

레이더 전파를 흡수해 레이더에 포착되지 않게 하는 기술에 붙여진 스텔스(stealth, 잠행)를 인용해 평가 방법에 이름을 붙인 스텔스 평가(Stealth assessment)가 한 예다. 럼블스 퀘스트(Rumble's Quest)는 게임을 하는 동안의 행동을 수집해 개인의 능력이나 특성을 측정하는데, 취학 전 아동의 자기 조절력, 사회 · 정서적 안녕감(학교에 대한 애착. 정서 · 행동 조절, 또래 관계 효능감,

지지적 환경 및 보호자와 관계), 실행 기능(작업 기억, 통제, 유연성, 주의력, 집중력) 등을 측정한다.

또한 텍스트 기반을 탈피해 그림 검사를 도입한 경우도 있는데, AI 그림일기 미술 치료 앱이 그 예다. '마치(MACHI)'는 20대를 위한 정신건강 앱으로 그림을 그리게 하고 그 그림을 분석해 결과를 알려 준 다음 일기 공간에 저장해 자신의 감정을 돌아볼 수 있도록 하고, 사용자로부터 긍정적인 피드백도 받았다(강보윤 외, 2020). 지속적인 사용이나 자신의 심리 상태에 대한 점검의 효과에 대한 정보는 없어 실용성을 파악하기는 어렵지만 텍스트 기반을 벗어나 여러 가지 방법으로 심리 상태를 파악할 수 있는 가능성을 열어 주었다는 점에서 의의를 갖는다.

그뿐만 아니라 생성형 AI를 활용해 심리검사 문항을 새로 개발하거나 문항을 축소해 타당성을 검증하는 기술까지 선보이고 있다(Russell-Lasalandra et al., 2024). 보다 적은 문항으로 보다 정확한 심리검사를 개발하는 영역에 AI를 활용할 수 있음을 제시하고 있다.

이러한 심리검사의 발전 과정에서 앞으로 남은 과제는 심리검사의 결과를 해석하고 적용하는 단계에 AI 기술을 도입하는 것이다. 심리검사의 결과를 통해 현재 내담자가 겪고 있는 어려움의 원인을 찾고 해결책을 구상하는 것은 심리상담 전문가의 고유한 전문 영역으로 많은 시간과 비용이 든다. 이 과정에 AI 기술을 도입해 보다 효율적인 심리검사 해석 방안을 찾기 위해 노력하고 있다.

접수면접 단계에 적용 가능한 AI

접수면접은 상담을 신청하고 난 다음 상담자가 배치돼 상담이 시작되기까지를 이어 주는 절차다. 여러 상담자가 일하는 곳이 아니라 상담자 배치가 필요하지 않은 경우에도 접수면접 단계를 통해 어떤 조력 서비스를 제공하는 것이 적합한지를 파악하게 된다. 접수면접은 기관의 특성에 따라 그 내용이나 절차가 다르지만 통상적으로 다루는 내용들이 있고, 각 기관별로 비교적 정해진 절차에 따라 수행되는 경우가 많다(김계현, 2002). 그만큼 AI 기술을 적용해 효율적인 상담 기관 운영에 도움을 받을 수 있는 부분이다. 절차에 따라 수행되는 접수면접 과정을 AI 챗봇이 수행할 수 있고, 위기 감지나 접수면접 내용을 요약해 내담자의 주호소문제와 사례 배정을 위한 정보를 확인하는 과정에 AI 기술을 활용할 수 있다.

먼저, AI 챗봇이 접수면접을 수행할 가능성이다. 챗봇이 접수면접을 수행한다면 반드시 상담실을 찾지 않아도 될 것이다. 위기 평가, 상담 구조화, 상담에 대한 동의, 호소문제, 심리 평가 등이 주로 진행되는데, 상담자나 내담자의 특성이 크게 고려되기보다는 일반적인 절차를 따르는 경우가 많다. 상담자가 먼저 질문을 하고 내담자가 답하는 형태의 상호작용이 많기 때문에 접수면접을 통해 수집해야 할 거의 모든 정보를 AI 챗봇을 통해 얻을 수 있다. 단 유의할 사항은 접수면접을 AI 챗봇이 대신할 경우, 이후 상담과 연결하는 단계에서 탈락의 우려가 있을 수 있다. 접수면접 자체가 내담자 탈락과 밀접히 관련된다는 연구 결과에서도 나타난다(Nielsen, 2020). 접수면접을 통해 내담자와 상담 기관이 신뢰 관계를 형성해야 하는데 이 부분은 심리상담 전문가가 아닌 AI 챗봇이 얼마나 잘 수행할 수 있을지는 우려가 되는 부분이다.

다음으로, 이미 실시된 접수면접의 내용을 요약하는 단계에서 AI 기술을 적용할 수 있다. 대화 내용을 요약하는 AI는 상당히 발달돼 있다. 대화 내용을 요약해 주는 AI 툴이 다양하게 출시돼 있으므로 상담자가 사용해 보고 자신에게 맞는 것을 선택해 사용하면 될 것이다. AI가 상담자보다 더 뛰어나게 접수면접 내용을 요약해 주는 것을 기대하기는 어렵지만 상담자의 시간을 많이 줄여 주기 때문에 유용하게 사용할 수 있을 것이다.

접수면접 내용의 요약을 넘어 사례 개념화에도 AI 기술의 적용 가능성이 있다. 최근 연구 결과에 따르면 발달사, 관찰 자료, 면접 자료, 검사 자료를 제공하고 4명의 전문가에게 각각 심리 평가 보고서를 작성하게 하고, 그 보고서에 대해 심리상담 실무자들로부터 평가를 받아 본 결과, 생성형 AI를 심리 평가 보고서 작성에 활용해 볼 수 있는 가능성을 확인했다(Lockwood et al., 2024). 생성형 AI가 기사를 작성하고 소설을 쓰는 것만이 아니라 심리 평가 보고서를 작성할 수 있다는 것은 향후 사례 개념화에 AI를 효율적으로 활용할 방안에 대한 논의를 열어 주고 있다.

AI 적용 진단의 과제

지금까지 살펴본 바와 같이 내담자 문제의 진단 과정에 AI를 적용할 가능성은 상당히 높다. 특히 새로운 진단 방법의 도입이 앞으로의 과제가 될 것이다. 전통적인 심리검사를 AI에게 맡기는 것에서 나아가, AI 기술을 적용해 더 나은 진단을 할 수 있는 가능성 탐색에도 노력을 기울여야 한다. 이미 선행되고 있는 유사 분야의 사례를 참고할 수 있는데, 예컨대 자폐스펙트럼장애(ASD)의 진단이나 주의력결핍과잉행동장애(ADHD) 진단으로, 모두 행동 관찰이 중요한 진단의 방법이다. ASD 진단을 위해 얼굴 표정 식별 능력과 운동 기능 평가에 AI를 적용해 관찰자에 의한 오류를 줄이고 있다(Song et al., 2019). ADHD 진단에는 더 다양한 AI 기술이 적용되고 있고, AI를 활용한 ADHD의 진단의 정확도 평가는 긍정적이고 매년 향상되고 있다고 한다(백민지 외, 2024: 2). 이와 같이 내담자의 자기 보고가 아닌 관찰에 의한 행동 특성 수집은 AI 기술을 적용해 볼 영역일 것이다. 내담자가 자신의 행동에 대해 보고하게 하기보다 직접 관찰하고 그 관찰 내용으로 어려움을 파악하는 새로운 평가 또는 진단 도구를 AI 기술을 적용해 개발하는 것이 앞으로의 과제가 될 것이다.

그리고 어느 영역보다 진단의 영역은 AI가 더 빠르게 진입할 영역이기도 한데, 한 가지 문제가 해결돼야 할 것이다. 바로 내담자의 신뢰를 얻는 문제다. 내담자로부터 정확한 정보를 확보하기 위해서는 내담자와의 라포 형성과 신뢰 관계 구축이 선행돼야 한다. 어려움이 있어 상담자를 찾아왔지만 막상 자신의 이야기를 꺼내기란 쉽지 않다. 비밀 보장이 되고, 사람이 아니어서 자신을 평가하지 않을 것이라는 것으로 조금은 더 안심은 되겠지만 여전히 AI와의 신뢰 구축은 중요하다. 충분한 신뢰가 구축되지 않을 경우 솔직하게 이야기하기보다 이야기하고 싶은 것만 이야기할 수 있는데, 이 경우 제대로 된 진단을 하기는 어렵기 때문이다. 그래서 첫 만남에서부터 내담자와 라포를 형성하고 신뢰를 쌓는 것이 상담자의 중요한 전문성에 해당한다. 과연 AI가 이 부분을 어떻게 해결해 나갈 수 있을지가 AI 진단이 앞으로 해결해 나갈 과제라고 할 수 있다.

참고문헌

김계현(2002). 『카운슬링의 실제』. 학지사.

김은정·강수진(2024). 인공지능을 활용한 투사적 그림검사 플랫폼에 대한 UX 시나리오 및 개발 방향성 제안. ≪한국 HCI 학회 논문지≫, 19(1), 29-40쪽.

백민지 외(2024). 정서행동질환의 진단과 치료에서 인공지능의 활용. ≪생물치료정신의학≫, 30(1), 1-8쪽.

황매향(2021). 『테크놀로지와 상담의 미래』. 학지사.

Clay, R. A. (2019). Moving assessment out of the clinic: Wearables, gaming, virtual reality and other rapidly developing technologies enable psychologists to gather information in real-life settings. *Monitor on Psychology*, 50(7), pp.48-54.

Lockwood, A., et al.(2024). Human vs. Machine: Comparing AI-Generated and Human-Written Psychological Reports. Unpublishen Manusript.

https://www.researchgate.net/profile/Adam-Lockwood-2/publication/384076452_Human_vs_Machine_Comparing_AI-Generated_and_Human-Written_Psychological_Reports/links/66e9a8ccdde50b325878de8d/Human-vs-Machine-Comparing-AI-Generated-and-Human-Written-Psychological-Reports.pdf

Nielsen, R. J. (2020). Does the intake method affect client return rate in a community counseling center?. Doctoral dissertation, Antioch University.

Russell-Lasalandra, L. L., et al.(2024). Generative psychometrics via AI-GENIE: Automatic item generation and validation via network-integrated evaluation. *PsyArXiv Preprint*, pp.1–32.

Song, D. Y., et al.(2019). The use of artificial intelligence in screening and diagnosis of autism spectrum disorder: a literature review. *Journal of the Korean Academy of Child and Adolescent Psychiatry*, 30(4), pp.145–152.

04
마음건강 셀프헬프 AI

스스로 자신의 마음건강을 돌보는 셀프헬프는 심리상담에서 중요한 역할을 하는 서비스로, AI가 적용되고 있는 분야이기도 하다. 디지털 헬스케어의 한 분야로 몸건강과 함께 마음건강을 돌보는 셀프헬프 앱이 출시되고 있다. 스마트폰에서 간편하게 사용되면서 개인의 요구에 응하는 AI 기능을 갖추고 있는데, 심리상담 영역에서도 이러한 마음건강 셀프헬프 앱을 활용할 수 있을 것이다.

AI와 사주?

디지털 헬스케어

마음건강 셀프헬프 앱은 디지털 헬스케어의 한 분야로 발전해 오고 있다. 디지털 헬스케어는 첨단 기술의 발전이 가져온 비대면 진료와 예방이라는 의료 분야의 새로운 패러다임이다. 우리나라도 AI를 비롯한 정보통신(ICT) 기술의 발전으로 전통적인 공급자 중심의 대면 진료 기반의 의료 서비스가 데이터 기반 의사 결정, 비대면 진료, 소비자 중심의 예측 · 예방적 건강 관리로의 전환이 예상되고 있다(김기봉 · 한군희, 2020). 그리고 이미 디지털 헬스케어 분야가 많은 발전을 이루고 있다. 현재까지 디지털 헬스케어는 하드웨어 기반 디지털 의료기기, 하드웨어 기반 디지털 건강 관리 기기, 의료용 소프트웨어, 건강 관리 솔루션, 의료인간 및 의료인-환자 간 매칭 플랫폼, 디지털 건강 관리 플랫폼, 디지털 의료 및 건강 관리 지원 시스템/인프라 등 7대 영역으로 분류되고 있다(윤희상 외, 2024). 이 가운데 마음건강과 밀접히 관련되는 영역은 건강 관리 솔루션과 디지털 건강 관리 플랫폼으로 주로 관리 또는 예방 차원에 집중돼 있다. 또한 미국의 경우 미국식품의약국(FDA)은 디지털 헬스케어를 담당하는 부서를 새로 신설하고 관련된 다양한 정보를 제공하는 누리집(Digital Health Center of Excellence)도 운영하고 있다. 디지털 헬스케어 중 임상적 효과가 인정될 경우 FDA에서는 '디지털 치료제'로 허가하고 있는데, 디지털 헬스케어의 보다 적극적인 치료적 개입 사례다. 디지털 치료제는 특정 상태나 질병의 치료, 관리, 예방 등을 위해 소프트웨어를 사용하는 것으로 특징지어지는 것으로, 디지털 헬스케어나 디지털 의료와 비교했을 때 임상적으로 검증된 효능을 승인받은 제품이라는 점이 차별점이다(Phan et al., 2023). 우리나라에서는 '디지털 치료 기기'로 식품의약품안전처에서 허가를 진행하고 있다. 디지털 치료 기기는 정신건강만이 아니라 신체건강, 재활, 복약 지도 등 다양한 의료 분야를 포괄하고 있고, 디지털 의료 기기, 디지털 융합 의약품 및 디지털 의료 · 건강 지원 기기를 아우르는 '디지털의료제품법'이라는 2024년에 제정된 법령에 의해 관리되고 있다.

마음건강 셀프헬프 앱의 등장

마음건강의 관리나 예방에 적용된 AI 기술은 개인이 스스로 자신의 마음건강을 돌보는 모바일 앱 형태로 개발되는 경우가 많다. 예방으로 발생하는 비용 절감의 효과 측면에서 국가, 보험사, 기업 등이 마음건강 셀프헬프 앱을 개발해 개인에게 무료로 제공하기도 한다. 코로나19 감염병 사태 이후 근로자들의 정신건강을 다루는 일이 더 중요해졌고, 이들에 대한 보다 효율적인 근로자 지원 프로그램(EAP, employee assistance program) 제공을 위해 첨단 기술이 접목된 EAP 2.0이 제안되기도 했다(Langlieb et al., 2021).

스스로의 마음건강을 돌보기 위한 다양한 모바일 앱이 국내외에서 출시되고 있는데, 최근에는 AI 기능이 추가돼 서비스의 질이 높아지고 있다. 마음건강 셀프헬프 앱은 모바일 심리상담의 대안으로 개발되고 여기에 AI 기능을 접목한다. 처음부터 마음건강을 스스로 돌보고 예방하는 것을 돕는 콘텐츠를 제공하기 위해 개발되는데, 상담 회기 사이의 상담을 받지 않는 동안 스스로 마음건강을 돌보는 셀프헬프로 활용되기도 한다.

마음건강 셀프헬프 앱의 사례

셀프헬프 앱은 대화(주로 챗봇)를 하면서 마음건강을 돕는 앱과, 몸건강과 마음건강을 동시에 관리하는 앱으로 발전해 오고 있다. 대화를 통해 마음건강 셀프헬프를 돕는 모바일 앱으로 와이사(Wysa), 워봇(Woebot), 해피파이(Happify)가 대표적이다(Rawat et al., 2023). 와이

사와 워봇은 챗봇 형태이고, 해피파이는 활동을 제안하고 모니터링해 주는 기능이 더 많다. 와이사는 우울, 스트레스, 불안, 수면 등 다양한 영역에 도움을 주기 위해 대량의 상담 대화 기록을 기반으로 개발된 AI를 적용하고 있는데, 우울 증상에 대한 보고를 감소시키는 실증적 자료를 제시하면서 시장을 확장해 나가고 있다(Inkster et al., 2018). 워봇은 우울에 초점을 둔 인지행동 접근의 챗봇으로 오래전 개발돼 지금까지 꾸준히 사용되고 있다. 최근에는 산후 우울증 치료에 사용되는 디지털 치료제에 대해 FDA 허가가 진행 중이다(Darcy et al., 2023). 해피파이는 긍정심리학에 기초를 두고 마음건강에 도움이 되는 다양한 활동을 짧게 수시로 수행할 수 있게 해서 긍정적 정서 상태를 유지하도록 돕는다. 해피파이는 AI인 애나(Anna)를 통해 여러 활동을 제시하면서 기존의 대화 위주의 챗봇과는 차별화된 서비스를 제공하고 있고 그 효과도 검증됐다(Boucher et al., 2021). 챗봇과의 대화 위주가 아니라 활동이 위주라는 면에서 다음의 생활 습관 관리 모바일 앱과도 유사성을 갖는다.

몸건강과 마음건강을 동시에 관리하는 앱은 건강에 도움이 되는 생활양식을 점검하고 피드백하면서 습관을 개선하는 챗봇 서비스로 개발되고 있다. 몸건강과 신체

건강에 모두 도움이 되는 명상(마음챙김 포함), 이완, 수면, 식단 조절, 규칙적 운동 등을 돕는 것을 목적으로 하는 서비스로 출발했다. 미국에서 개발된 캄(Calm)과 우리나라의 마보는 오래 전 출시돼 계속 많이 사용되고 있는 대표적 명상 앱이다. 여기에 AI 기능을 추가해 최근에는 명상이나 이완 방법을 개인의 특성에 맞게 제공하고 있다. 그뿐만 아니라 행동을 보다 세밀하게 모니터링하고 한 가지 행동만이 아니라 여러 행동을 관리해 주는 쪽으로 발전하고 있다. 예컨대 청소년의 스마트폰 과의존 완화를 위한 챗봇이 개발되기도 했다. 행동수정에 입각해 스마트폰 사용에 대한 피드백을 제공하는 규칙 기반 AI로 스마트폰 사용 시간 조절에 유용함이 확인됐다(황매향 외, 2021).

이렇게 보다 발전된 AI 기능을 가진 스마트폰 앱이 건강 관리 행동 개선에 적용되고 있고, 그 효과에 대한 종합 연구도 이뤄지고 있다. AI 앱의 효과를 검증한 15편의 학술 논문을 종합해 본 결과, 신체 활동, 금연, 약물 사용, 비만, 사회적 활동 동기, 복약 등 다양한 건강관리에 도움이 되는 생활양식을 대상으로 하고 있었고, 13편에서는 긍정적인 효과가 확인됐다(Aggarwal et al., 2023). 이렇게 AI 앱을 통해 운동, 식이요법, 명상, 수면 관리 등 다양하게 건강한 생활 습관 형성에 도움을 제공하고 있다. 다만 국내에서 디지털 헬스케어 사업을 진행 중인 임원진 또는 CEO를 심층면접한 결과에서는 마음건강 셀프헬프 AI에 대한 관심이 높지 않았다(윤희상 외, 2024). 향후 디지털 헬스케어는 신체건강 쪽에 집중될 가능성도 배제하기 어려워, 마음건강을 돌볼 AI 개발에 심리상담 전문가들이 적극적으로 참여해야 디지털 헬스케어 영역에서 마음건강이 다뤄질 수 있을 것으로 예상된다.

마음건강 셀프헬프 앱의 위험

마음건강 셀프헬프 앱은 AI 기술이 적용되기 이전부터 꾸준히 소비돼 오고 있다. 셀프헬프 앱은 전문가의 지도와 감독하에 전문가와 만나지 않는 시간에 보조적으로 도움을 주는 용도로 적용되는 것이 바람직하다. 그러나 개인이 전문가를 만나지 않고 사용하는 경우가 더 많다. 전문가 대용으로 사용되는데, 그 과정에서 여러 가지 문제가 발생할 수 있다.

셀프헬프 앱 서비스가 확대되던 초창기부터 적절한 앱 선택, 탈맥락적 접근, 동기 관리, 전문적인 도움을 받아야 할 시점에 대한 인식 등에서 어려움이 지적되기도 했다(Mehrotra et al., 2017). 최근 생성형 AI의 보급이 확대되면서 또 다른 위험이 도사리고 있다. 마음건강 셀프헬프를 돕기 위해 개발된 앱이 아닌 생성형 AI를 마음대로 셀프헬프 목적으로 사용하는데 이 과정에서 오류와 문제가 발생할 수 있다. 그뿐만 아니라 스스로를 심리상담 전문가라고 알리는 AI 챗봇들도 등장하고 있어 그 위험성이 더 크다. 최근 미국심리학회 회장을 맡고 있는 에번스 주니어(Arthur C. Evans Jr.)는 재판 중에 있는 두 건의 사건(AI 사용 중 자살한 14세 소년과 부모를 폭행한 17세 자폐 소년)을 소개하면서 AI의 위험성에 대해 전문가들이 싸워 나가야 함을 주장했다(New York Times, 2025.2.24). 셀프헬프 앱은 언제 어디서나 편리하게 사용할 수 있다는 장점을 가지고 있지만 전문가의 감독이나 도움 없이 사용되면서 오남용되고 있는 것이다.

참고문헌

김기봉·한군희(2020). 4차 산업혁명시대의 디지털 헬스케어 산업에 대한 연구. ≪융합정보논문지≫, 10(3), 7-15쪽.

윤희상 외(2024). 디지털 헬스케어의 분류체계와 정책제언. ≪정부학연구≫, 30(2), 85-114쪽.

황매향 외(2021). 청소년의 스마트폰 과의존 완화를 위한 챗봇 상담 알고리즘 설계 및 유용성 검증. ≪한국 HCI 학회 논문지≫,

16(4), 33-42쪽.

Aggarwal, A., et al.(2023). Artificial intelligence-based chatbots for promoting health behavioral changes: Systematic review. *Journal of Medical Internet Research*, 25, e40789, pp.1-17.

Boucher, E. M., et al.(2021). Artificially intelligent chatbots in digital mental health interventions: a review. *Expert Review of Medical Devices*, 18(sup1), pp.37-49.

Darcy, A., et al.(2023). Anatomy of a Woebot®(WB001): Agent guided CBT for women with postpartum depression. *Expert Review of Medical Devices*, 20(12), pp.1035-1049.

Inkster, B., et al.(2018). An empathy-driven, conversational artificial intelligence agent (Wysa) for digital mental well-being: Real-world data evaluation mixed-methods study. *JMIR mHealth and uHealth,* 6(11), e12106, pp.1-14.

Langlieb, A. M., et al.(2021). EAP 2.0: reimagining the role of the employee assistance program in the new workplace. *International Review of Psychiatry*, 33(8), pp.99-710.

Mehrotra, S., et al.(2017). Unguided mental health self-help apps: Reflections on challenges through a clinician's lens. *Indian Journal of Psychological Medicine*, 39(5), 707-711.

New York Times(2025.2.24) Human therapists prepare for battle against A.I. pretenders.

Phan, P., et al.(2023). Digital therapeutics in the clinic. *Bioengineering & Translational Medicine*, 8(4), e10536, pp.1-17.

Rawat, B., et al.(2023). AI based assistance to reduce suicidal tendency among youngsters. *APTISI Transactions on Management,* 7(2), pp.102-109.

05
소셜로봇

사회적 상호작용이 부족한 사람들을 위한 말벗으로 개발된 소셜로봇은 심리상담이 필요한 사람들이 활용하는 AI 기반 서비스 중 하나로서의 가능성을 가지고 있다. 현재 다양한 AI 소셜로봇이 개발돼 보급되고 있고, 이들 중 정신건강 분야에서 소셜로봇이 수행하는 역할, 소셜로봇의 심리적 지원 효과, 소셜로봇의 활용 방안 등 다양한 논의가 전개되고 있다.

AI와 아이돌?

소셜로봇이란?

소셜로봇(또는 소셜봇, social robot)은 인지 능력과 사회적 교감 능력을 바탕으로 로봇이 인간과 상호작용해 사회적 기능을 수행하게 하는 기술로, 1997년 처음 소개된 용어이고 감성 로봇(emotional robot)이라고도 불린다(과학기술정보통신부 · 한국과학기술기획평가원, 2019). 그 외에도 소셜지능 로봇, 사회적 지능 로봇, 사회적 상호작용 로봇, 사회적 로봇 등으로 다양하게 불린다. 소셜로봇은 사람과 사회적 상호작용을 할 수 있다는 점에서 심리상담과 밀접히 관련된 기술이라고 할 수 있다.

소셜로봇은 그 이름에서도 알 수 있듯이, 사람과 대화를 나눌 수 있다는 측면과 스스로 작동하는 로봇이라는 측면을 모두 가지고 있다. 그래서 소셜로봇의 발달에는 대화 기술의 발달과 로봇 기술의 발달이 함께 영향을 미쳐 왔다. 대화 기술은 아이폰의 '시리', 그리고 이어 출시된 아마존의 '알렉사'와 같은 사물인터넷에서 먼저 시작됐고, 지금은 AI 에이전트로 발전해 가고 있다. 로봇 기술 영역의 경우 산업용 로봇이나 의료와 같은 전문 서비스 로봇이 먼저 발달했고 돌봄, 가사 업무, 오락, 교육과 같이 인간과 직접적인 상호 교류를 기반으로 인간을 보조하는 개인용 서비스 로봇이 뒤를 잇는다(권진주, 2025). 로봇의 역할이 인간을 보조하는 돌봄으로 확대되면서 사물인터넷의 대화 기능과 로봇 중 사람의 모습으로 구현되는 휴머노이드 로봇이 결합된 소셜로봇의 발전이 가속화됐다고 할 수 있다.

대중들이 기계와도 대화할 수 있다는 것을 실감하게 했던 '시리'의 등장은 상상이 일상으로 들어오게 되는 계기가 돼, 소셜로봇의 초석이라고 할 수 있다. 소셜로봇의 범위는 매우 넓어서 사용하는 주체에 따라 개인용, 전문용으로 분류되고, 적용되는 분야에 따라 개인 비서, 친구(또는 반려), 소통 수단, 정서적 지원, 교육(또는 학습), 돌봄, 엔터테인먼트, 안내, 가사 지원, 의료 지원 등 다양해지고 있다.

무엇보다 소셜로봇은 인간에 가까운 사회적 능력을 갖춰 가는 방향으로 발전하고 있다. 센서를 통해 사람과 환경의 음성, 위치, 표정 등을 인식하고, AI 기술을 통해 스스로 학습하고 판단하고, 문자, 소리, 몸짓 등 다양한 방식으로 언어적·비언어적 소통을 위한 표현 기능을 갖춰 나가고 있다.

소셜로봇 시장

심리상담 영역과 밀접히 관련된 소셜로봇은 대화 상대가 돼 주는 것이 가장 큰 역할이라고 할 수 있다. 대화할 대상이 돼 주는 '친구' 역할 중심의 소셜로봇이 심리적 지원 효과를 보여 준다. 소셜로봇이 다양하게 개발되고 있는 가운데 심리 지원을 주된 목적으로 하는 소셜로봇이 대세를 이루던 시장에 다른 변화가 찾아오고 있다.

소셜로봇의 다양한 시도는 노인과 유아동 대상 돌봄 서비스로 초점이 맞춰지고 있다. 소셜로봇을 대신해 '돌봄로봇'이라는 새로운 용어가 등장한 배경이기도 하다(중소벤처기업부 · 중소기업기술정보진흥원, 2024). 최근 출시된 '리쿠(LiKU)'는 노인과 유아동을 주된 소비자층으로 두고 '살아 있는 생명체처럼 상호작용하며 키즈와 시니어를 서포터해 줄 수 있다'라는 점을 장점으로 내세우고 있다(월간인물, 2024.1.4). 그중에서도 노인 대상 제품은 소셜로봇 출시 초창기부터 가장 꾸준히 시장을 점유하고 있다. 우리나라의 경우 '보미'와 '효돌'이 노인 돌봄 로봇으로 개발됐고, 서구에서 개발된 노인 돌봄 로봇으로는 '페퍼'와 '마부'가 대표적이다(이용설 외, 2023). 소셜로봇 논의는 항상 고령화 사회 또는 돌봄의 사회적 부담을 덜어 주는 서비스라는 주제와 함께해 왔고, 소셜로봇 상품도 노인 대상으로 더 많이 출시되고 있다.

그리고 소셜로봇 기능을 하던 사물인터넷의 대화 기능 서비스는 AI 개인비서 서비스로 전환되고 있다. 개인이나 사업장에서 특정한 작업을 스스로 수행해 내는 인공지능 비서에 해당하는 AI 에이전트 시장이 발달하고 있다. 최근 아마존은 AI 비서 '노바 액트'를 출시했고 2014년 출시된 음성 비서 알렉사에 AI를 탑재한 '알렉사+'를 내놓으면서 더 일찍 출시된 오픈AI의 '오퍼레이터'에 도전장을 내밀며 시장을 과열시키고 있다(연합뉴스, 2025.4.1). 그뿐만 아니라 하루가 다르게 여러 AI 에이전트가 시장에 선보이고 있다. 이런 가운데 'AI 에이전트 시대'라는 명명까지 되기 시작했다(한국지능정보사회진흥원, 2024).

소셜로봇의 심리적 지원 효과

많은 소셜로봇이 시장에 선보이고 있는 가운데 그 효과는 어떤가에 대한 탐구도 병행되고 있다. 그 가운데서도 상담심리 전문가들이 관심을 갖는 영역은 소셜로봇의 심리적 지원 효과일 것이다.

소셜로봇이 등장한 초기에는 소셜로봇의 긍정적 효과

에 대한 보고들이 많았다. 아기 물개 모양의 애완 로봇인 파로(Paro)의 치매 개선 효과를 검증한 29개의 연구를 분석한 결과, 치매 노인들의 부정적 정서와 행동의 감소, 사회적 참여 개선, 기분과 돌봄 경험의 증진 등의 효과를 확인했다(Hung, 2019). 그리고 최근 우리나라 소셜로봇 관련 연구 동향을 분석한 결과에 따르면, 소셜로봇과의 대화나 놀이 등을 통한 의사소통 및 사회성 증진에 관한 연구들이 있었다(권진주, 2024). 이와 유사하게 미국에서는 소셜로봇이 가정에서의 대화에 참여하면서 부모-자녀 간 의사소통이 향상됐다(Chen et al., 2025). 이러한 효과는 직접적인 정서적 위로보다는 의사소통이나 사회성 증진을 통한 심리적 지원으로 교육 효과에 가까울 수 있다.

한편 소셜로봇 제품의 출시가 숨 가쁘게 이어졌던 지난 10여 년의 시간에 비해 사용자들의 만족도나 효과는 그에 미치지는 못하고 있는 실정이다. 예컨대, 소셜로봇 효과의 한계점이 확인되기도 했다. 반려동물 모양으로 친근감을 가지고 있는 소셜로봇 아이지니(iJINI)를 지체장애 학생들에게 사용해 본 결과에서는, 활용 가능성을 확인하기는 했지만 소셜로봇이 제공하는 물리적 움직임이나 대화 내용이 지체장애 학생의 특성에는 맞지 않는 부분도 확인됐다(송승민 외, 2020).

최근에는 소셜로봇의 효과에 대한 새로운 논의가 시작되고 있다. 소셜로봇이 치매 노인의 동반자가 돼 주고 인지적 자극을 통한 치료자가 될 수 있느냐는 질문에 그렇지 않다는 답을 내놓고 있다. 초기 소셜로봇이 긍정적인 효과를 부각한 데 반해 소셜로봇을 사용해 본 노인들이나 돌봄 종사자들이 불편감을 호소하고, 여러 편의 소셜로봇 효과에 대한 메타 분석 결과에서 효과가 명확히 확인되지 않은 가운데, 이런 확실하지 않은 효과와 사용자의 저항에 대한 연구 결과들이 앞으로 소셜로봇의 도입에 분명한 장벽이 될 것이라는 전망이다(Worth, 2024). 이런 연구 결과와 전망은 치매 환자에만 국한되는 것은 아니기 때문에 소셜로봇의 심리 지원을 기대하는 심리상담 전문가들도 관심을 가져야 할 것이다.

소셜로봇의 활용 가능성

소셜로봇은 사용자의 거부감이나 엇갈리는 효과 검증 결과에도 불구하고 긍정적 심리 지원의 역할을 해내고 있다. 그래서 소셜로봇에 고독한 개인을 일임하기보다는 돌봄을 보조하는 하나의 도구로 활용할 것이 제안되고 있다(Worth, 2024). 이때 어떤 점을 고려해야 할까?

무엇보다 소셜로봇은 돌봄, 동반자, 헬스케어, 교육 등 다양하게 적용되는 가운데, 이러한 서비스를 아우르는 '정서적 서비스' 부분을 활용할 수 있다. 그리고 그 활용은 보조적이어야 하고, 전적으로 소셜로봇에게 맡겨서는 곤란하다. 그뿐만 아니라 보조적 활용에서의 전문가 역할에 대해서도 탐색이 필요하다. 예컨대 한 연구는 소아암 환자의 정서적 지원을 위한 소셜로봇을 도입하는 과정에 연령, 진단 시기, 정서행동 유형에 따른 서로 다른 전문가 협력 모델을 제안하고 있다(서유진, 2024). 소셜로봇 활용에서 대상의 상황과 특성에 따라 전문가의 개입이 달라져야 함을 알려 주는 사례라고 할 수 있다.

그리고 앞서 살펴본 바와 같이 소셜로봇의 개발 방향이 점차 노인 또는 유아동 대상 서비스로 수렴되고 있다. 혼자 시간을 보내야 하는 노인이나 유아동의 반려 또는 돌봄에 초점을 두고 있어, 현재 시판 중인 소셜로봇을 모든 내담자에게 보편적으로 적용하기에는 한계가 있을 수 있다는 점도 유념해야 한다.

참고문헌

과학기술정보통신부·한국과학기술기획평가원(2019). 『소셜 로봇의

미래: 2019년 기술영향평가 결과』.
과학기술정보통신부·한국과학기술기획평가원.

권진주(2025). 키워드 네트워크 분석 및 CONCOR 분석을 활용한 국내 소셜 로봇 연구 동향 분석. ≪로봇학회 논문지≫, 20(1), 21-31쪽.

서유진 외(2024). 병원 환경의 소셜로봇 개입 소셜로봇·아동심리치료사의 협력 모델 제안. ≪2024년 한국 HCI 학회 학술대회 자료집≫, 800-805쪽.

송승민 외(2020). 지체장애학생의 소셜로봇 사용 양상 및 만족도 분석. ≪지체·중복·건강장애연구≫, 63(3), 167-196쪽.

연합뉴스(2025.4.1). 아마존, AI 에이전트 '노바 액트' 출시…오픈AI 등과 경쟁.

월간인물(2024.1.4). 인간과 교감할 수 있는 소셜로봇, 사람과 일상을 함께하는 반려로봇 시대를 위해.

이용설 외(2023). 인공지능 기반 노인 돌봄서비스 개발 사례 분석 및 전망. ≪한국콘텐츠학회논문지≫, 23(2), 647-656쪽.

중소벤처기업부·중소기업기술정보진흥원(2024). 『중소기업 전략기술로드맵 2024-2026「지능형로봇」』.
중소벤처기업부·중소기업기술정보진흥원.

한국지능정보사회진흥원(2024). 『AI 에이전트 시대, AI 활용 패러다임 변화』. 한국지능정보사회진흥원.

Chen, H., Kim, Y., Patterson, K., Breazeal, C., & Park, H. W. (2025). Social robots as conversational catalysts: Enhancing long-term human-human interaction at home. *Science Robotics*, 10(100), eadk3307.

Hung, L., et al.(2019). The benefits of and barriers to using a social robot PARO in care settings: A scoping review. *BMC Geriatrics*, 19, pp.1-10.

Worth, T. (2024.4.25). Are robots the solution to the crisis in older-person care?. *Nature*.

06
챗봇 상담자

상담자를 대신해 심리상담을 수행하는 것을 목표로 개발된 챗봇들이 있다. 미리 준비된 답변을 중심으로 상담을 수행하던 1966년에 등장한 최초의 심리상담 챗봇 '엘리자(Eliza)'에서 출발해 지금은 AI 기술이 적용된 챗봇으로 발전하고 있다. 보다 발전된 AI 기능을 탑재한 심리상담 챗봇들이 상담자의 역할을 대신할 수 있을 것인가는 아직 답하기 어려운 단계로 여러 가지 시도와 검증이 이뤄지고 있는 영역이다.

AI와 야구?

AI 챗봇 상담자의 발달

챗봇 상담자는 인간이 아닌 기계가 스스로 상담자 반응을 하며 상담을 제공하는 로봇의 하나다. 로봇이라고 하면 사람과 같은 모습을 한 휴머노이드(humanoid)로 상상하기 쉽지만, 물리적으로 다양한 모습의 로봇이 가능하고, 심리상담 영역에서는 주로 채팅의 형태를 가진 챗봇이 선보이고 있다. 일반적으로 로봇은 자동화된 프로그램으로 작동하는 기계를 말하는데, 네트워크상에서 자동으로 작동하는 프로그램을 주로 '봇(bot)'이라고 명명한다. 이 중 챗봇은 문자 명령을 따르는 봇이다. 지금까지는 챗봇의 형태로 심리상담 서비스가 개발되고 있는 것이 주를 이루고 있지만, 사용자의 음성까지 처리하거나, 가상의 공간에서 아바타의 모습으로 상담자가 등장하거나, 인간을 닮은 휴머노이드의 모습을 한 로봇 등으로 발전해 나가고 있다.

심리상담을 하는 로봇을 개발하는 시도는 이미 1966년부터 시작됐다. 바로 '엘리자(Eliza)'인데, 로저스(Carl R. Rogers)의 상담 기법을 적용한 컴퓨터 프로그램으로 현재도 접속해 사용이 가능하다(http://psych.fullerton.edu/mbirnbaum/psych101/Eliza.htm). 실제로 사용해 보면 엘리자의 답변은 심리상담 전문가의 답변에는 못 미친다. 여기에서 출발해 꾸준한 도전이 이어졌는데, 21세기가 되면서 매우 활발하게 심리상담 챗봇이 등장하게 됐다. 그 대표적 사례가 웹기반 심리치료 모스트(Most), 모바일 기반 테스(Tess), 대화형 에이전트 워봇(Woebot), 대화형 인공지능 내담자 클라이언트봇(Clientbot), 가상현실 기반 임상적 면담자 엘리(Ellie) 등이다(김도연 외, 2020).

챗봇은 AI 구현 방식에 따라 학습 기반 모델(Learning-Model)과 규칙 기반 모델(Rule-based Model)로 구분되는데(Jokinen & McTear, 2009), 21세기에 본격화된 챗봇 상담 서비스들은 규칙 기반 챗봇 형태로 출발했다. 챗봇이 새로운 반응을 생성하는 기능보다는 이미 준비된 반응, 조언, 지침 등을 사용자의 반응에 맞추는 AI 기능을 가지고 있다. 이러한 규칙 기반 챗봇은 준비되지 않은 내용에 답을 하지 못하기 때문에 심리상담을 효과적으로 수행하는 데에 한계가 있다. 그래서 심리상담 전문가들은 텍스트 분석과 텍스트 생성에 관한 연구가 좀 더 깊이 있게 이뤄진 후에야 AI 심리상담 로봇이 내담자가 발화한 말을 실시간으로 분석해 내담자의 감정을 알아차리고 그에 적합한 공감 텍스트를 생성해 돌려주는 등의 심리상담이 가능해질 것이라는 의견을 내놓고 있다(정여주 외, 2024).

자연어 처리를 비롯한 다양한 언어 모델과 생성형 AI 기술이 급속하게 발전하고 있는 가운데 챗봇 스스로 사용자에게 적합한 반응을 만들어 내는 서비스로 발전해 나갈 것으로 예상된다. 그 지향점은 첫째, 현재 구현된 규칙 기반 중심 챗봇 반응에 거대언어모델(large language model, LLM)을 적용해 챗봇 스스로 적절한 반응을 만들어 내는 기능이 추가돼 보다 사용자(내담자)의 요구에 부응하게 하는 것이다. 그리고 다음으로, 현재 텍스트 위주의 챗봇 서비스를 음성 기반으로 바꾸면서 자동 번역까지 갖추면 조금 더 심리상담이 편리해질 것이다. 마지막으로, 영상으로 상담자를 구현하는 AI 휴먼의 형태로 상담을 제공하고, 내담자의 음성만이 아니라 표정이나 몸짓 등 비언어적 신호를 함께 내담자 반응으로 처리하게 되면 보다 실제 상담에 가까워질 것이다. 이러한 시도들은 조금씩 되고 있지만 아직 연구 차원에서 시도되고 있는 단계에 있다.

AI 적용 챗봇 상담자 사례

심리상담 챗봇에 AI 기술을 적용한 많은 제품들이 국내외에서 출시돼 사용되고 있다. 2010년대 중반부터 많은 챗봇 상담자가 출시됐다. 고효진 외(2024)가 정리한 내용에서도 알 수 있듯이, 대부분은 텍스트 중심이면서 규칙 기반 AI 기술이 적용된 것이 주류를 이루고 있다. 최근에는 범용 AI 챗봇이 정신건강 영역에서 상담자로 활용되고 있기도 하다. 범용 AI의 경우 생성형 AI 기술이 적용되고 있고, 텍스트를 넘어 이미지, 음성, 비디오 등 다양한 인지 양식이 활용된다. 다만 심리상담이나 정신건강 분야에 특화돼 있지 않아 내용 구성에서는 한계를 갖는다. 이들 가운데 현재 많이 활용되고 있는 챗봇 상담자를 살펴보면, 국내의 경우 위로미가 비교적 최근에 개발돼 관심을 모으고 있다. AI 챗봇의 개발은 국내보다는 해외에서 더 활발한데, 그 대표적 사례는 워봇이다.

위로미

최근 우리나라에서 출시된 위로미(weromy)는 AI 기능을 적용한 심리상담 서비스의 한 사례다. 위로미 누리집(https://weromy.co.kr/)에서 제공하는 여러 정보를 통해 위로미의 기능을 확인해 볼 수 있다. 위로미가 제공하는 주된 심리상담 서비스는 온라인 심리검사를 실시하는 '자가검진 기능', 고민을 선택하면 극복 방안을 제시해 주는 '고민답변 받아보기', 캐릭터와의 심리상담이 진행되는 'AI 상담사와 대화하기' 등이다. 여기에서 AI 상담사와 대화하기 메뉴가 챗봇 상담자에 해당하는데, 기존의 챗봇 상담자는 스마트폰이나 PC를 통해 문자로 상담이 진행된 것과 달리 키오스크를 통해 직접 대화를 나눈다는 점이 특징적이다. 거대언어모델, 자체 자연어 처리 엔진, 음성 인식 기술을 적용해 캐릭터가 심리상담 서비스를 제공하는데, 개발사의 자체 검증을 통해 효과성과 타당성도 입증됐다. 50명의 우울장애 환자를 대상으로 실시한 효과성 검증에서 공감대화 AI 챗봇 사용 후 우울 증상이 28% 감소했고, AI 챗봇이 제공한 답변과 심리상담사가 제공한 답변의 정확성과 선호도 면에서 유사함이 확인됐다. 비교 집단이 없고 개발사가 직접 수행한 효과성 검증이라는 측면에서 향후 더 엄격한 효과 검증이 필요하긴 하다. 현재 보건소, 청소년 시설, 학교 등에 보급되고 있고, 키오스크라는 접근성이 활용도를 높이고 있다.

워봇

'워봇(Woebot)'은 챗봇 상담자로 가장 널리 사용되고 있는 모바일 앱이다. 워봇은 임상심리 전공자인 다시(Alison Darcy)가 개발한 것으로 진단이나 치료를 목적으로 하는 것은 아니지만, 인지행동치료(CBT)에 기반해 반응하는 챗봇 상담자다. 워봇의 출발점은 아무와도 이야기를 나눌 수 없을 때 '친구처럼 편하게 이야기할 수 있는 대상'의 제공이었다. 페이스북 메신저에서 출발해 현재는 모바일 앱으로 서비스를 제공하고 있다. 인지행동치료에 바탕을 두고 반응하는 워봇은 매일 사용자의 기분을 물어보면서 말을 걸고, 응답 내용에 따라 채팅을 진행한다. 주로 워봇이 먼저 말을 걸어와 상담이 시작되는데, 워봇은 질문을 한 다음 답할 반응을 미리 제시해 사용자가 선택하게도 하고, 직접 입력해 반응하게도 한다. 그리고 반응 예시들을 제시해서 도움을 주기도 한다.

2017년 출시 이후 이용자들의 반응이 데이터로 축적되면서 워봇의 기능이 발전을 거듭하고 있다. 워봇은 규칙 기반 AI로 개발돼 현재 제공되는 서비스에서는 생성형 AI 기술이 적용되고 있지는 않다. 워봇 헬스의 누리집에서 제공되는 소식에 따르면, AI 기술 발전에 발맞춰 거대언어모델을 적용한 임상을 시작했다고 한다.

워봇은 출시된 지 오래인 만큼 그 효과도 인정받고 있다. 워봇의 그간의 성과들이 제품으로 출시되고 있는데, 2021년에는 스마트폰 기반 산후우울증 인지행동치료에 처방되는 디지털 치료제로 미국식품의약국(FDA) 혁신의료기기 지정(BDD, Breakthrough Devices Designation)을 받았고, 그 효과도 입증되었다(Darcy et al., 2023). 그리고 현재는 성인용과 청소년용으로 연령에 따라 다른 서비스를 제공한다. 무엇보다 워봇의 개발사가 아닌 다른 연구자들이 실시한 효과 검증 연구가 더 객관적으로 수행됐을 것이므로 주목해 볼 만하다. 경미한 우울을 보이는 운동 선수들을 대상으로 한 실험 연구에서 워봇을 사용한 선수들은 우울이 개선됐지만 워봇을 사용하지 않은 선수들의 우울은 그대로 유지되고 있어 워봇의 효과성이 확인됐다(Qi, 2024). 한편 워봇이 우울, 불안, 부정적 정서를 감소시키고 긍정적 정서를 향상하는 효과가 있었지만 엘리자, 일기 쓰기, 심리 교육과의 비교에서 더 나은 효과를 보이지는 않았다는 연구 결과(Eltahawy et al., 2024)도 있어 다른 처치에 비해 얼마나 더 효과적인가에 대한 후속 연구 과제를 남기고 있다.

AI 적용 챗봇 상담자의 효과

AI 챗봇이 심리상담의 역할을 수행할 것인가는 그 성과에 대한 연구에서 답을 찾을 수 있을 것이다. 이에 앞서 챗봇 상담자와의 심리상담에서 내담자들은 어떤 경험을 하는지도 중요한 정보가 될 것이다. 우리나라에서 수행된 한 연구 결과에 따르면, 챗봇 상담자와의 상담에서 내담자들은 '자신의 문제 경험과 부정적 감정에 대해 자유롭게 표현할 수 있는 기회', '높은 비밀 보장', '비언어적 요소의 부재', '상대방(상담자)에 대한 심리적 우려가 없음' 등을 공통적으로 경험한 것으로 보고했다(이아라 외, 2019).

우리나라에서는 아직 AI 챗봇의 효과성을 분석한 실증 연구가 활발하지 않지만, 긍정적 효과를 확인한 연구 결과들이 소개되고 있다. 초등학생 대상의 상담축어록을 학습 데이터로 활용해 개발된 AI 챗봇이 아동의 신체 불안을 낮추고 전반적인 불안 수준도 낮추는 데 효과가 있었다(이시훈 · 이재용, 2023). 일상대화, 서비스 대화, 시나리오 대화 등으로 구성된 AI 챗봇과 매일 15분 이상 대화를 했던 노인복지요양센터 이용자들에서 우울, 불안, 삶의 질, 사회적 지지 등에서 개선도 확인할 수 있었고(김현숙 외, 2023), 라포 형성 전략(상대 이름 부르기, 스몰토크 하기, 공감하기 등)을 구현하는 AI 챗봇이 사용자로 하여금 공감, 친밀감, 현존감, 매력도를 갖게 한다는 것을 확인한 결과도 발표됐다(이지언 외, 2023). 그러나 이런 연구들은 개발 단계에서의 효과성 검증이라는 점에서 더 엄격한 검증이 필요하다. 실제 소비자들이 사용하고 있는 심리상담 AI 챗봇을 검토한 연구에서는 AI가 상담자를 대체하기에 기술적인 측면에서 많은 한계를 가지고 있다고 결론 내리고 있기 때문이다(이혜인 외, 2024).

한편 세계적으로는 더 많은 연구가 수행돼 오고 있어, 이런 연구를 종합한 연구들이 최근 주목받고 있다. 비교적 효과적이라는 연구가 많기는 하지만 정신건강 영역에서 적용된 챗봇에 대한 효과 연구들을 종합한 연구들은 효과에 대해 아직 결론을 내리기는 조심스럽다는 입장이다(예, Abd-Alrazaq et al., 2020; Aggarwal et al., 2023; Jabir et al., 2023). 또한 지금까지 수행된 긍정적 효과가 실제 사용자들에게 도움이 되기 위해서는 보다 쉽게 활용할 수 있고, 계속 사용할 동기의 형성이 필요하며, 다른 조력체계와의 연계가 필요함도 제시됐다(Casu et al., 204). 이에 따라 효과성은 인정되지만 그 활용에 유의해야 한다는 것이 지금까지의 결론이라고 할 수 있다. 특히 정신건강을 돕는 챗봇의 경우 자해나 자살 사고를 비롯한 응급 상황에 대해 제한적이고 부적절한 반응을 제공할 수 있기 때문에 위험 부담이 크다는 점도 지적되고 있다(Koutsouleris et al., 2022). 심심이 서비스

(https://simsimi.com/)에 사용자 담화 데이터를 분석한 연구에서도 챗봇 상담자가 공감 능력을 갖춘 대화 상대로서 도움을 줄 수 있다고 결론 내리면서도, 향후 AI 챗봇은 정서적으로 취약한 사용자에 대한 고려가 반드시 이뤄져야 함을 강조하고 있다(진효진 · 차미영, 2024).

그뿐만 아니라 실제 개발되거나 사용되는 심리상담 또는 마음 돌봄을 수행하는 것을 목표로 많은 AI 챗봇이 개발된 것에 비해 그 효과를 검증한 연구는 많이 부족하다. 연구가 수행된 경우도 엄격한 실증 연구의 절차를 거친 연구는 더 적다. 앞서 살펴본 효과성에 대한 종합적 분석을 한 연구들에서도 처음 분석 대상으로 선정된 연구의 수에 비해 효과성을 제대로 검증한 것으로 판단돼 포함된 연구의 수는 매우 적었다. 따라서 AI 챗봇 상담자의 효과성을 조심스럽게 받아들여야 할 것이다.

참고문헌

고효진 외(2024). 정신건강 분야를 위한 공감형 AI 에이전트 기술 동향. ≪정보과학회지≫, 42(1), 6-33쪽.

길하균 외(2024). 챗 GPT 심리 상담 챗봇에 대한 사용자 만족도 및 거대언어모델 기반 만족도 평가 비교. ≪2024 한국컴퓨터종합학술대회 논문집≫, 2236-2238쪽.

김도연 외(2020). 상담 및 심리치료에서 인공지능 기술의 활용:

국외사례를 중심으로. ≪한국심리학회지: 상담 및 심리치료≫, 32(2), 821-847쪽.

김현숙 외(2023). AI 기반 초개인화 정신건강 상담시스템 설계 및 효과성에 관한 연구. ≪인문사회 21≫, 14(3), 3777-3790쪽.

박세린 외(2024). 챗봇상담(ChatGPT)의 특성 연구: 채팅상담과의 비교를 중심으로. ≪청소년학연구≫, 31(8), 89-117쪽.

이시훈·이재용(2023). 인공지능 기반의 초등학생용 상담 챗봇 개발 및 효과성 검증. ≪정보교육학회논문지≫, 27(4), 425-432쪽.

이아라 외(2019). 상담 이론 기반의 심리 상담 챗봇을 활용한 내담자 경험 연구. ≪대한인간공학회지≫, 38(3), 161-175쪽.

이지언 외(2023). AI 심리 상담 챗봇 라포 형성 전략에 따른 상담 챗봇 디자인 제안. ≪2023 한국 HCI 학회 학술대회 자료집≫, 631-635쪽.

이혜인 외(2024). AI 챗봇 기술을 활용한 심리상담 서비스의 기술적 한계점 분석. ≪ASK 2024 한국정보처리학회 학술대회논문집≫, 31(1), 875-877쪽.

정여주 외(2024). 인공지능 기반 심리상담에 활용되는 딥러닝 기법 고찰. ≪학습자중심교과교육연구≫, 24(3), 109-131쪽.

주우영·유지은(2024). Chat GPT 를 활용한 대학 학생선수의 심리상담 사례연구. ≪스포츠심리상담연구≫, 1(1), 87-95쪽.

진효진·차미영(2024). 대화형 AI의 기회와 과제: 정신건강과 윤리 관점에서의 챗봇의 잠재력. 정보과학회지, 42(1), 21-25쪽.

최성민(2023). 챗 GPT 의 활용과 전망: 의료와 돌봄 활용의 가능성. ≪시민인문학≫, 45호, 129-161쪽.

Abd-Alrazaq, A. A., et al.(2020). Effectiveness and safety of using chatbots to improve mental health: Systematic review and meta-analysis. *Journal of Medical Internet Research*, 22(7), e16021.

Aggarwal, A., et al.(2023). Artificial intelligence-based chatbots for promoting health behavioral changes: Systematic review. *Journal of Medical Internet Research,* 25, e40789, pp.1-17.

Casu, M., et al.(2024). AI chatbots for mental health: A scoping review of effectiveness, feasibility, and applications. *Appl. Sci,* 14, 5889, pp.1-13.

Darcy, A., et al.(2023). Anatomy of a Woebot®(WB001): Agent guided CBT for women with postpartum depression. *Expert Review of Medical Devices,* 20(12), pp.1035-1049.

Eltahawy, L., et al.(2024). Can robots do therapy?: Examining the efficacy of a CBT bot in comparison with other behavioral intervention technologies in alleviating mental health symptoms. *Computers in Human Behavior: Artificial Humans,* 2(1), 100035, pp.1-14.

Jabir, A. I., et al.(2023). Evaluating conversational agents for mental health: Scoping review of outcomes and outcome measurement instruments. *Journal of Medical Internet Research,* 25, e44548.

Jokinen, K., & McTear, M.(2009). Spoken dialogue systems. *Synthesis Lectures on Human Language Technologies,* 2(1), pp.1-151.

Koutsouleris, N., et al.(2022). From promise to practice: Towards the realisation of AI-informed mental health care. *The Lancet Digital Health,* 4(11), pp.829-840.

Qi, Y.(2024). Pilot quasi-experimental research on the effectiveness of the woebot AI chatbot for reducing mild depression symptoms among athletes. *International Journal of Human-Computer Interaction,* pp.1-8. Published online: 16 Jan 2024.

Tak, A. N., & Gratch, J.(2024). Gpt-4 emulates average-human emotional cognition from a third-person perspective. arXiv:2408. 13718.

07
생성형 AI

챗GPT가 일반인들에게 공개된 이후 생성형 AI는 어느새 우리의 일상 속에 자리를 잡았다. 챗GPT를 비롯한 여러 가지 범용 생성형 AI들은 심리상담을 제공하는 것을 목적으로 개발되지는 않았지만, 심리상담 AI 챗봇으로 사용되고 있다. 이런 측면에서 생성형 AI는 심리상담 전문가가 알아야 할 또 다른 심리상담 AI 서비스다.

AI와 윤동주?

생성형 AI의 등장

생성형 AI는 기계가 뭔가를 사람처럼 해낼 수 있다는 가능성을 보여 주고 있다. 생성형 AI의 '생성형(generative)'이라는 명칭은 기존의 콘텐츠를 활용해 새로운 콘텐츠를 만들어 낸다는 점에 강조점을 둔 명명이다. 자연어 처리를 하는 언어모델에서 거대언어모델(large language model, LLM)로 발전하면서 생성형 AI로 확장됐다. 거대언어모델이 적용되면서 기계의 대화 능력이 월등해져 AI 기능이 크게 개선됐고, 텍스트만이 아니라 음성과 이미지까지 처리가 가능해졌다. AI가 대화만 하는 것이 아니라 스스로 기사도 작성하고, 그림도 그리고, 작곡도 하고 있다. 이렇게 생성형 AI는 스스로 뭔가를 만들어 낸다는 점에서 지금까지 구현된 AI와는 다르다.

다목적성의 챗GPT(오픈AI), 빙(Bing, MS), 제미나이(Gemini, 구글) 등 생성형 AI는 일반 사용자들의 접근성이 높아 다양하게 활용되고 있다. 친구와 이야기하듯 수다를 떨기도 하고, 자료를 찾아 달라고 하거나 정리해 달라고 하기도 하고, 궁금한 것을 물어보거나 해결책을 구하기도 한다. 과제를 하거나 업무를 할 때 도움을 받기도 한다. 이런 개인적인 필요만이 아니라 학교, 기관, 기업 차원에서도 활용하고 있고, 어떤 프롬프트(명령)를 통해 어떤 것을 시키는 것이 효율적인가에 대한 제안들도 하루가 다르게 새롭게 소개되고 있다.

이와 같은 생성형 AI의 다양한 용도 중 하나가 심리 지원인데 심리 지원에서는 주로 대화 즉 텍스트가 여전히 중심이다. “남자 친구와 헤어졌어. 어떻게 해야 할까?”라고 쓰면 “그 상황이 정말 힘들고 괴로울 것 같아요”라는 공감으로 시작해 적극적인 대처 방식을 제안해 준다. 특히 많은 생성형 AI는 사용자와의 대화 내용을 학습 데이터로 사용해 그 사용자별로 다른 대화를 이어가는 지식 기반 추론(Mazumder & Liu, 2024)을 통해 개인에게 더 맞는 대화를 이끌 수 있다는 점에서 심리 지원에 유리하다. 많이 사용할수록 생성형 AI가 나를 더 잘 알고 내 마음에 드는 이야기를 한다고 느낄 수 있기 때문이다.

챗GPT의 심리 지원 효과

생성형 AI의 개발 목적이 심리 지원에 있지는 않았지만 실제 심리 지원에 활용되고 있는 만큼 그 효과성에 대한 연구도 활발히 수행되고 있다. 생성형 AI 가운데 챗GPT가 가장 많이 활용되고 있고 심리 지원에 대한 연구도 가장 많다. 심리상담의 출발점이라고 할 수 있는 정서 이해 능력에 대해 실험한 결과에 따르면, 주어진 상황에서 자신이 느낄 정서에 대한 파악과 상대방이 느낄 정서에 대한 파악에서 챗GPT는 높은 정확도를 보였다(Tak & Gratch, 2024).

이 외에도 챗GPT를 활용한 심리상담의 효과를 실증적으로 검증한 연구가 국내외에서 모두 증가하고 있는 추세다. 그 사례를 살펴보면 대상이나 개입의 측면에서 다양하게 효과가 확인되고 있다. 챗GPT와의 1회 상담과 심리상담 전문가와의 1회 채팅상담을 비교한 결과, 챗GPT는 익명성 및 사용의 편리성과 함께 감정 반영, 정보 제공, 즉각적 해결책 제시 등의 긍정적 경험을 제공해 줬다(박세린 외, 2024). "심리상담가로서 따뜻한 말투로 대답해 주세요"를 바탕으로 프롬프팅된 챗봇과 매일 취침 전 5회 이상 생성된 답변을 받게 하고 만족도를 평가한 결과 5점 만점에 4점에 가까운 만족도를 확인할 수 있었다(길하균 외, 2024). 불안감과 스트레스를 겪는 운동선수들에게 심상 훈련과 긍정적 자기 대화를 챗GPT에 요청해 대화하는 방식으로 상담 경험을 하게 해 챗GPT를 활용한 심리상담의 가능성이 탐색되기도 했다(주우영 · 유지은, 2024). 부부 갈등이 있는 20명의 성인이 챗GPT로부터 1회기 상담을 받고 인터뷰한 내용을 평가한 연구에서는 챗GPT의 관계 형성 기술, 인간과 유사함, 탐색,

유용성, 명료화 등의 효과를 확인할 수 있었다(Vowels et al., 2024). 바우얼스 연구팀은 이외에도 치료적 관계 형성 측면에서 챗GPT가 효과적임을 밝혔다(Vowels, 2024; Vowels & Sever, 2023).

생성형 AI 사용의 위험성

챗GPT의 심리적 지원 효과가 긍정적임이 확인되고 있지만, 챗GPT로 대표되는 생성형 AI를 심리적 지원 목적으로 사용했을 때의 위험성에 대한 논의도 적지 않다. 챗GPT가 생성하는 반응에는 아직 오류가 있고 깊은 정서적 공감에는 한계가 있다는 부정적 측면도 지적되고 있다(박세린 외, 2024; 최성민, 2023). 챗GPT를 비롯한 생성형 AI는 거대언어모델로 자연어 문장을 생성하는데 그 의미 등을 고려하지 않고 학습 데이터에서 계산된 확률값에 의존하기 때문에 혐오 발언, 개인정보 데이터 노출, 폭력적 및 차별적 편향 데이터 생성뿐만 아니라 환각(hallucination)이라고 불리는 거짓 정보를 그럴듯하게 생성하는 문제가 발생한다(권오욱 외, 2023). 앞서 살펴본 챗GPT가 수행한 한 회기의 심리상담의 긍정적 효과를 검증한 연구에서도 위기 개입에 적용해서는 안 될 뿐 아니라 어떤 위험이 있을지 모르기 때문에 상담 전문가의 감독하에 사용해야 한다고 제안하고 있다(Vowels et al., 2024).

챗GPT는 뛰어난 대화 기술과 검색 기능으로 위로받고 싶거나 점검받고 싶은 욕구를 채워 주고 있다. 다만 이러한 반응이 심리상담 전문가의 수준에 도달하고 있지는 않다는 것이 현재 상태다. 당장의 기분을 피드백해 주거나 원하는 조언을 제공해 줄 수 있지만, 더 나아가기 위한 탐색이나 적응으로 이끄는 전문적 개입은 하지 못한다.

먼저 공감에도 한계가 있을 것으로 예상된다. 마음이 힘들 때 상담자를 만나지 않아도 친한 친구, 가족, 동료, 멘토에게 마음을 털어놓고 공감받는 것만으로도 위안이 될 때가 있다. 그 정도의 역할을 챗GPT가 해 줄 수 있지 않을까 한다. 그 역시도 그동안의 세월 동안 쌓아 온 상대와의 친밀감이 없는 챗GPT가 그 기능을 대신할 수 있는가에도 어느 정도는 한계가 있을 것이다. 챗GPT와의 대화가 반복되면서 사용자에 대한 이해를 바탕으로 대화를 이끌어 가겠지만 여전히 사용자가 이야기한 내용 이상을 뛰어넘기는 어려울 것이다. 사람들이 대화만이 아니라 일상을 함께 하거나 여러 가지 활동을 함께 하면서 서로를 알아 가는 과정과 챗GPT와 친해지는 과정은 다르다는 한계가 분명하다.

공감을 넘어 심리치료까지 이르는 것은 더욱 기대하기 어려운데, 챗GPT가 심리상담 전문가로서 충분한 훈련을 받지 않았기 때문이다. 부단한 노력으로 전문성 신장을 위해 배우고 익히지 않으면 전문가로 역할하기 어렵듯이, 챗GPT 역시 심리상담 분야에 대해 얼마나 학습했는가에 달려 있는데, 아직 그런 수준에 도달하지는 못하고 있다. 책으로 나와 있는 내용은 숙지했을지 모르지만 임상적 훈련을 받지는 못했다는 점이 가장 큰 취약점이다. 챗GPT만이 아니라 생성형 AI가 아직 지식적인 측면에서도 임상적인 측면에서도 심리상담의 전문성을 쌓았다고 보기는 어렵고, 앞으로 이 부분이 얼마나 실현될지도 미지수다.

챗GPT를 비롯한 생성형 AI가 전문적인 심리상담을 제공할 준비가 돼 있지 않지만 이미 그런 용도로 사용되고 있다. 최근 조사 결과에 따르면 챗GPT의 경우 심리지원을 목적으로 활용되는 경우는 적었지만, 심리 지원을 목적으로 사용하는 경우 의존도가 높다는 것도 함께 확인돼 여전히 우려가 된다(AI 타임즈, 2025.3.25). 그래서 미국심리학회 회장인 에번스 주니어(Arthur C. Evans Jr.)는 이미 상담자로 둔갑한 AI와의 전쟁을 선포했다

(New York Times, 2025.2.24). 생성형 AI의 무분별한 사용으로 일반인들이 더 이상 피해를 보지 않도록 심리상담 전문가들이 나서야 할 때라는 것이다.

그렇다면 심리상담 전문가는 챗GPT를 어떻게 받아들여야 할까? 챗GPT를 비롯한 생성형 AI는 아직 심리상담을 수행할 능력은 부족하다. 그러나 잘 활용하면 분명히 도움을 제공할 좋은 매체이기도 하다. 따라서 심리상담 영역에서 챗GPT를 상담에 어떻게 활용할 것인지에 대해 보다 적극적으로 검토해 나가야 할 것이다. 그뿐만 아니라 내담자 또는 일반인들이 전문가의 가이드라인이나 보호를 받지 않은 채 자신의 심리적 어려움을 해결하기 위해 생성형 AI를 무분별하게 사용하지 않도록 파수꾼 역할도 해야 한다.

참고문헌

권오욱 외(2023). 초거대 언어모델과 수학추론 연구 동향. ≪전자통신동향분석≫, 36(8), 1-11쪽.

길하균 외(2024). 챗GPT 심리상담 챗봇에 대한 사용자 만족도 및 거대언어모델 기반 만족도 평가 비교. ≪2024 한국컴퓨터종합학술대회 논문집≫, 2236-2238쪽.

박세린 외(2024). 챗봇상담(ChatGPT)의 특성 연구: 채팅상담과의 비교를 중심으로. ≪청소년학연구≫, 31(8), 89-117쪽.

주우영·유지은(2024). Chat GPT를 활용한 대학 학생선수의 심리상담 사례연구. ≪스포츠심리상담연구≫, 1(1), 87-95쪽.
최성민(2023). 챗 GPT의 활용과 전망: 의료와 돌봄 활용의 가능성. ≪시민인문학≫, 45호, 129-161쪽.
AI 타임즈(2025.3.25). 오픈AI “챗GPT 감정적 사용 매우 드물어...헤비 유저일수록 의존도 높아”.
Mazumder, S., & Liu, B.(2024). *Lifelong and continual learning dialogue systems.* Springer.
New York Times (2025.2.24) Human therapists prepare for battle against A.I. pretenders.
Tak, A. N., & Gratch, J.(2024). Gpt-4 emulates average-human emotional cognition from a third-person perspective. arXiv:2408.13718.
Vowels, L. M.(2024). Are chatbots the new relationship experts? Insights from three studies. *Computers in Human Behavior: Artificial Humans,* 100077, pp.1-10.
Vowels, L. M., et al.(2024). AI in relationship counselling: Evaluating ChatGPT's therapeutic capabilities in providing relationship advice. *Computers in Human Behavior: Artificial Humans,* 2(2), 100078.
Vowels, L. M., & Sever, Z. (2023). Are digital interventions the next frontier in sex therapy? A mixed methods study examining attitudes toward digital sex therapy. *Journal of Sex & Marital Therapy,* 49(8), pp.1043-1061. https://doi.org/10.1080/ 0092623X.2023.2243266

08
AI 적용 상담자 훈련

상담자 훈련은 심리상담 전문가를 양성하는 모든 교육과정에 포함되고, 이미 현장에서 심리상담을 제공하고 있는 전문가들에게도 필요한 과정이다. 서구에서는 테크놀로지를 활용한 상담자 훈련이 상담자 양성 과정과 보수 교육에 도입되고 있다. 최근에는 상담자 훈련 플랫폼들에 AI 기술이 적용되고 있고, 상담자 훈련을 넘어 대화 기술 훈련에도 그 적용 범위를 넓혀 가고 있다.

AI와 한의학?

상담자 훈련과 테크놀로지

효과적인 상담자 훈련은 심리상담 영역이 해결해야 할 중요한 과제다. 이를 위해 여러 가지 방안들이 시도되고 있고, 그중 비교적 최근에 도입된 방안이 첨단 기술을 적용한 반복 훈련이다(황매향 외, 2023). 심리상담 전문가는 상담자 훈련을 통해 심리상담 진행의 고유한 상담 기술을 익히고 이 기술을 적절하게 활용할 수 있는 역량을 키워 나간다. 여기에서 기술을 익히기 위해 반복 연습이 필요하고, 적용 역량을 키우기 위해 가능한 한 실제에 가까운 실습(내담자와의 대화)이 필요하다.

반복을 통해 기술을 습득한다는 점과 실제 상황이 아닌 가상의 상황에서 연습이 필요하다는 점은 심리상담 영역만이 아니라 많은 전문가 양성 과정에서 훈련의 원칙으로 공유되고 있다. 그래서 전문가 양성에는 실제 상황과 유사한 상황에서 계속 훈련하는 시뮬레이션이 가장 많이 적용되는데, 여기에 첨단 기술을 적용하는 솔루션이 제안됐다(Hancock et al., 2008). 이러한 시도를 출발점으로 여러 가지 전문가 훈련 프로그램에 첨단 기술이 적용되기 시작했다. 예컨대 의료 분야에서는 실물 마네킹이나 표준화 환자를 사용하던 시뮬레이션에 가상환자를 도입했다. 가상환자(virtual patient)는 표준화 환자를 가상현실 기술로 재연한 것으로, 컴퓨터로 구현된 실제 또는 인공의 3차원(3D) 멀티미디어 감각 환경을 실시간으로 탐색하고 조작할 수 있어 다양한 수준의 몰입을 통해 1인칭 능동적 학습 경험을 가능하게 했다(Rasmussen et al., 2014).

이러한 시도들이 상담자 훈련에도 적용이 되고 있는데, 그 출발점은 테라뷰(Theravue)였다. 그리고 테라뷰는 스킬세터(Skillsetter)로 확장돼 미국 상담자 교육과정에 가장 많이 보급돼 있다. 최근에는 시머전(SIMersion)과 AI 기능을 강조한 리슨(Lyssn)도 상담자 교육에 적용되고 있다.

테라뷰에서 스킬세터까지

테라뷰(Theravue)는 심리상담 영역에서 테크놀로지를 적용한 상담자 훈련의 대표적인 출발점이 된 제품이다. 위스콘신 대학 웜폴드(Bruce E. Wampold, 2017) 교수의 아이디어로 심리상담을 가르치는 수업을 위해 고안돼 2016년 론칭됐고, 스킬세터(Skillsetter)로 확장돼 상담자 훈련만이 아니라 사회복지사나 일반 근로자의 대화 기술 훈련에도 적용되고 있다.

스킬세터는 심리상담 전문가 교육 분야에서 가상 내

담자와의 의도적 실습(deliberate practice, DP로 명명하는 경우가 많음)을 통해 집중적이고 지속적인 실습, 성찰, 피드백 등을 제공하는 것을 목적으로 한다. 스킬세터의 기초인 의도적 실습은 '반복과 끊임없는 수정(refinement)을 통해 개인의 특정한 측면의 수행을 개선하기 위해 고안된 개별화된 훈련 활동'(Ericsson & Lehmann, 1996)이다.

스킬세터는 의도적 실습 모델에 따라 다양한 증상을 연기하는 배우를 녹화한 영상 속의 가상 내담자와의 시뮬레이션을 제공한다. 수련생은 동영상 속의 가상 내담자에게 반응을 하고, 반응을 마친 후 녹화된 자신의 모습을 확인하며, 가이드 문항에 맞춰 자가 평가를 진행한다. 자신이 연습하면서 녹화한 동영상을 수퍼바이저나 동료에게 보내 피드백을 받을 수도 있다. 가상의 내담자에게 반응을 하고 그 반응에 대해 스스로 그리고 수퍼바이저에게 피드백을 받고, 그 피드백을 반영해 다시 반응해 보는 의도적 실습의 과정을 반복하면서 더 좋은 반응을 습득하게 되는 것이다.

스킬세터의 전신인 테라뷰는 제품이 출시된 이후 미국의 여러 상담심리(counseling psychology) 또는 상담교육(counseling education) 석박사 과정의 훈련 프로그램으로 보급됐고, 스킬세터로 업그레이드되면서 더 많은 대학에서 사용되고 있다. 스킬세터는 석박사 과정의 실습 수업에서 교수자들이 보다 편리하게 강의를 구성하고 운영할 수 있도록 플랫폼을 업그레이드했다. 실습 동영상을 상담 기술과 수준에 따라 더 다양하게 확대하고 교수자가 선택해 수업 내용을 구성하고, 그 내용으로 온라인 강의실을 개설해 운영할 수 있다.

이렇게 테라뷰와 스킬세터는 여러 교육과정에 적용돼 오고 있어 경험적 연구를 통한 효과성도 입증되고 있다(예, Barata et al., 2025; Chen et al., 2021; Nurse et al., 2024). 그뿐만 아니라 연구에서 검증하고자 하는 기술을 훈련하는 방식으로 스킬세터가 자연스럽게 채택되고 있기도 한다(예, Flynn, 2023; Østergard et al., 2022; Weiss, 2023).

시머전

시머전(SIMersion)은 시뮬레이션(simulation)과 몰입 immersion)의 합성어로 FBI 요원들에게 의사소통 기술을 향상하는 프로그램에서 시작됐다. 지금은 서비스가 많이 확대돼 동기 강화 면담 훈련, 인지행동치료 적용, 구직 면접 훈련, 약물 사용이나 자살 위험 평정 등 다양한 영역을 포괄하는 30개에 가까운 프로그램을 제공하고 있다. 이 가운데 약물 사용 장애 가상환자와의 상담을 훈련하는 인지행동치료 훈련세트(CBT Training Suite), 동기 강화 면담(Brief Motivational Intervention with Gabe Turner; BMI with Gabe Turner), 자살 예방 훈련 세트(Suicide Prevention Training Suite) 등이 상담자 교육 및 훈련 프로그램에 해당한다(황매향 외, 2023).

시머전도 스킬세터와 마찬가지로 가상 내담자의 영상을 보며 진행한다. 시머전은 스킬세터와 몇 가지 차이를 보이는데, 먼저 가상 내담자 영상이 수련생의 언어적 반응에 따라 가상 내담자의 비언어적 표현이 달라지기 때문에 그것을 관찰하면서 연습할 수 있다. 그리고 수퍼바이저에게 영상을 보내 피드백을 닫는 것이 아니라 가상 내담자의 반응, 학습 코치, 피드백 보드 등 다양한 방식의 피드백이 실시간으로 제공돼 적절한 언어 반응으로 바뀌어 바로 연습하도록 해 준다.

시머전은 여러 영역에서 의사소통 기술 훈련에 활용되기 시작한 만큼 효과에 대한 실증 연구도 다양한 영역에 걸쳐 있다. 예컨대 초창기에는 상담자나 의료인 훈련보다 마음건강에 어려움이 있는 환자들의 취업 면접 훈련에 적용되기도 했다(Smith et al., 2015; Smith et al.,

2014). 그리고 상담자 훈련에 적용되기 시작한 것은 비교적 최근으로 아직 효과 검증 연구가 많이 발표되고 있지는 않다. 한 연구에서는 시머전을 이용해 자살 위험 평가를 연습한 학생들의 경우 시머전으로 연습을 많이 한 학생들의 자신감이 더 높게 나타났다(Sellers, 2025).

리슨

AI 기술을 적용해 상담 회기를 평가하는 리슨(Lyssn) (Imel et al., 2017)은 최근 상담자 훈련 프로그램을 운영하기 시작했다. 리슨은 실제 상담 자료를 학습 데이터로 사용해 개발된 AI 모델로 자연어 처리 기술을 적용해 실제 상담 회기에 대한 피드백과 내담자의 정서 상태에 대한 평가도 제공해 준다(Tanana et al., 2021). 어떤 언어적 상호작용을 한 상담이 잘 된 상담인가에 대한 평가를 가능하게 한 AI 모델을 개발한 것이 리슨의 가장 큰 특징이고, 이를 통해 심리상담의 질적 향상을 지향하고 있다. 실제 리슨을 통해 심리상담의 질을 향상한 사례들도 소개되고 있다(예, Coleman et al., 2024; Creed et al., 2022).

리슨은 이런 AI 모델을 상담자 훈련 프로그램에도 적용하고 있어 상담자 훈련 플랫폼 가운데 AI 기술이 가장 많이 적용된 제품이다. 스킬세터에서 수퍼바이저가 제공하던 피드백을 리슨에서는 AI를 통해 자동으로 생성한다. 수련생이 자신의 반응을 녹화해 수퍼바이저에게 보내고 피드백을 기다리던 것과 비교할 때 즉각적으로 피드백을 받을 수 있다는 장점이 있다. 그뿐만 아니라 AI가 피드백을 제공해 주기 때문에 수퍼바이저 없이도 수련이 가능해진다는 면에서 더욱 기대가 되는 훈련 플랫폼이다.

참고문헌

황매향 외(2023). 상담자 훈련과 테크놀로지의 접목 가능성 탐색. ≪상담학연구≫, 24(3), 1-28쪽.

Barata, M., et al.(2025). We are on the road to somewhere: How deliberate practice can enhance the path of continuing education in mental health. Practice Innovations. Advance online publication. https://doi.org/10.1037/pri0000273

Chen, S. Y., et al.(2021). Effects of clinical skills training: Technology and pedagogy for the quality virtual classroom. *Journal of Technology in Counselor Education and Supervision*, 1(1), pp.49-52.

Coleman, J. J., et al.(2024). Using artificial intelligence to identify effective components of computer-assisted cognitive behavioural therapy. *Clinical Psychology & Psychotherapy*, 31(6), e70023.

Creed, T. A., et al.(2022). Enhancing the quality of cognitive behavioral therapy in community mental health through artificial intelligence generated fidelity feedback (Project AFFECT): a study protocol. *BMC Health Services Research*, 22(1), p.1177.

Ericsson, K. A., & Lehmann, A. C.(1996). Expert and exceptional performance: Evidence of maximal adaptation to task constraints. *Annual Review of Psychology*, 47, 273–305.

Flynn, A. W. P.(2023). A Construct validity analysis of the facilitative interpersonal skills performance task. Unpublished Dotoral Dissertation, The University of Wisconsin-Madison.

Hancock, P. A., et al.(2008). *Human factors in simulation and training*. Boca Raton, FL: CRC Press.

Imel, Z. E., et al.(2017). Technology-enhanced human interaction in psychotherapy. *Journal of Counseling Psychology*, 64(4), pp.385–393.

Nurse, K., et al.(2024). Qualitative accounts from deliberate practice training for empathic communication among psychotherapy trainees. *Counselling and Psychotherapy Research*, 24, pp.1368–1379.

Østergard, O. K., et al.(2022). Effect of deliberate practice training of graduate students in general psychotherapeutic skills compared with theoretical teaching: protocol for the randomised controlled TRIPS trial. *BMJ open*, 12(9), e062506.

Rasmussen, K., et al.(2014). Offline eLearning for undergraduates in health professions: A systematic review of the impact on knowledge, skills, attitudes and satisfaction. *Journal of Global Health*, 4(1), 010405.

Sellers, C. M., et al.(2025). Online patient simulation for suicide risk assessment: a pilot study assessing skills and confidence in MSW students. Social Work Education, pp.1-13.

Smith, M. J., et al.(2015). Virtual reality job interview training for veterans with posttraumatic stress disorder. *Journal of Vocational Rehabilitation*, 42(3), pp.271-279.

Smith, M. J., et al.(2014). Virtual reality job interview training for individuals with psychiatric disabilities. *The Journal of Nervous and Mental Disease*, 202(9), p.659.

Tanana, M. J., et al.(2021). How do you feel? Using natural language processing to automatically rate emotion in psychotherapy. *Behavior Research Methods*, 53, pp.2069-2082.

Wampold, B. E.(2017). What should we practice? A contextual model for how psychotherapy works. In T. K. Rousmaniere, R. Goodyear, S. D. Miller, & B. E. Wampold (Eds.), *The cycle of excellence: Using deliberate practice to improve supervision and training* (pp.49-65). New York: John Wiley & Sons.

Weiss, J. L. (2023). *The Impact of multi-modal training in rebt on perceived and observed clinician competency*. Unpublished Dotoral Dissertation, St. John's University.

09
AI 시대, 달라지는 심리상담

AI 기술의 발전은 일상생활, 대인 간 상호작용, 노동시장 등 다양한 영역에서 변화를 일으킬 것으로 예상된다. 이러한 변화는 심리상담 영역에도 영향을 미칠 것이다. 무엇보다 상담자가 하는 일에 AI가 도입될 것이고, 상담을 하는 장소에도 AI 기술이 도입될 것이다. 그뿐만 아니라 AI 시대를 살아가는 내담자가 겪는 어려움도 달라질 수 있다.

AI와 화장품?

심리상담 전문가들은 첨단 기술에 대한 관심보다는 인간에 대한 관심이 더 크다. 그래서 AI 기술의 발전을 바로 심리상담 영역에 적용하기보다는 조심스럽게 관망하는 태도를 보이는 전문가다 더 많다. 그뿐만 아니라 AI가 심리상담을 대신한다는 것은 아직 시기상조라는 것이 기술 영역 전문가와 마음건강 영역의 전문가가 모두 인정하는 바이기도 하다. 이런 가운데 AI가 심리상담에 어떤 변화를 가져올 것인가에 대한 담론은 아직 제대로 펼쳐지지 않은 상태라고 할 수 있다.

AI 시대에 달라질 심리상담자의 일

AI 시대에도 여전히 심리상담의 전문성은 인간에게 맡겨질 것이라는 것에 대부분이 동의하고 있다. 그럼에도 AI 기술의 물결은 상담자가 하는 일에 영향을 미칠 것으로 예상된다. 심리상담 전문가의 전문성까지 AI가 침범해 들어올 가능성은 낮지만 앞으로 상담실에서 해야 할 일들에는 변화가 올 것이다. 최근 미국심리학회에서는 디지털 치료제의 등장에 주목하기, 가상현실을 활용한 새로운 접근을 탐색하기, 행정적 일을 AI에게 맡기기 등을 AI 시대에 심리상담자들이 유념해야 할 사항으로 꼽았다(Stringer, 2025).

이 가운데 행정적 일을 AI에게 맡기는 것은 바로 적용이 가능하다. 심리상담을 직접 AI에게 맡기지는 않겠지만 상담과 관련된 여러 가지 행정적인 일을 AI 기술에 맡기는 것이다. 마음건강 전문가들이 약 20%의 시간을 행정적 업무에 사용하고 있고, 이러한 행정 업무를 AI에게 맡기면 전문가들이 보다 자신의 시간을 가질 수 있고 번아웃도 예방할 수 있다는 견해도 있다(MedCigyNews, 2024.11.8). 의료 쪽에서 전자차트(EMR 시스템)가 이미 자리를 잡았고, 빅데이터 플랫폼과 함께 AI 기능이 도입돼 업무 효율 높이기의 새로운 방법들이 제시되고 있다. 이와 유사한 내담자 관리 시스템이 심리상담에도 그대로 적용될 수 있다.

내담자 발굴, 내담자 안내, 상담 일정 조정 등 상담센터의 안내 데스크에서 하는 일은 현재의 AI 에이전트가 충분히 해낼 수 있는 일들이다. 여러 가지 행정적인 일들을 AI 에이전트에게 맡긴다면 상담자들의 행정 처리에 대한 부담이 줄어들어 상담에 더 많은 시간과 에너지를 쓸 수 있을 것이다. 최근 AI 에이전트에 대한 수요와 공급이 급증하고 있는데, 한 조사에 따르면 26개 범주에 걸쳐 170개 이상의 AI 에이전트 스타트업이 제품을 내놓고 있다(CB Insights, 2025.3.6). 일반적인 사무를 보조하는

AI 에이전트부터 특정 영역의 직무를 맡을 수 있는 AI 에이전트까지 다양하게 선보이고 있다. 이들 가운데 심리상담에 적합한 AI 에이전트를 선택할 수도 있고, 심리상담에 적합한 AI 에이전트 개발에 심리상담 전문가들이 직접 참여할 수도 있을 것이다. AI가 심리상담을 할 수 있는가에 대한 관심에서 AI를 활용해 어떻게 심리상담을 더 효율적으로 수행할 것인가에 대한 탐색이 필요한 시점이라고 할 수 있다.

AI 기술과 상담 공간

AI 시대의 변화는 상담실이라는 공간에서도 변화를 가져올 것으로 예상된다. 심리상담자와 AI 기반 상담 보조 수단의 배치, 상담 자료의 보안 유지나 보관 방식, 사무 공간의 축소 등이 예상된다. 무엇보다 지금은 그 변화를 주도하기 위한 심리상담 전문가의 준비가 필요한 시기다.

미국심리학회가 예상하고 있듯이 가상현실을 활용한 새로운 상담 개입 전략의 구상이 가능하다. 가상현실의 활용은 이미 오래 전부터 공포 치료나 특수교육 영역에서 채택돼 그 효과가 검증됐다(김슬기 · 석혜정, 2015; 나지회 외, 2023; 박주연 외, 2024; 차경렬 · 김찬형,

2007). 증강현실이나 가상현실을 구현할 공간을 마련하고, 이미 검증된 방법들을 적용해 보는 시도들이 심리상담 영역에서도 가능할 것이다.

한편 비대면 상담의 증가를 경험하면서 상담센터의 물리적 공간이 축소되고 있기도 하다. 아예 상담실이라는 물리적 공간을 두지 않고 비대면 상담만 진행하는 상담실도 운영되고 있다. 여기에 더해 새로운 심리상담 공간으로 메타버스가 주목받고 있는데, 최근 AI로 구현된 메타버스 상담실의 다양한 활용 가능성이 제안되고 있다.

메타버스 플랫폼에서의 상담은 가상현실에서 자신의 아바타를 만들고 상담자 아바타와 만나 이야기를 나눈다. 이미 우리나라에서는 개인상담, 집단상담, 아동 · 청소년 상담, 대학생 상담, 상담자 교육 등 다양하게 적용돼 메타버스에서의 상담 효과가 입증되고 있다(예, 권해수 · 심현진, 2024; 류혜경 외, 2023; 안소희 외, 2024; 이혜은, 2023; 조수현 외, 2022). 일반 상담과의 성과 비교 연구에서도 메타버스에서의 상담 성과가 동일함이 확인됐다(Cho et al., 2024). 이렇게 메타버스 플랫폼이 다른 기술보다 더 적극적으로 상담 실제에 적용되고 있는 이유는 기술적인 측면에서 상담자의 부담이 적기 때문일 것이다. 최근에는 메타버스 심리상담에 AI 기능을 추가하는 것에 대한 논의가 시작됐다(예, Guarrasi et al., 2023; Roosan, 2024; Taniguchi et al., 2023). 아직 실제 제품이 출시돼 사용되고 있거나 효과가 검증된 것은 아니지만 여러 가지 가능성들이 시도되고 있는 상황이다.

AI 시대를 살아가는 내담자들의 고충

AI 기술은 개인이 겪는 심리적 문제에도 영향을 미쳐, AI 시대의 내담자들이 호소하는 문제가 지금과 달라질 가능성이 있다. 심리상담 전문가들은 앞으로 상담실에서 다룰 문제들이 어떻게 달라질 것인지 예측하고 미리 대비해야 할 것이다. 아직 변화에 대처해야 한다는 당위적 논의만 있을 뿐, 구체적으로 내담자의 호소 문제가 어떻게 달라지고, 여기에 대비해 어떤 준비가 필요하다는 논의의 장이 펼쳐지지 않았지만, 다음의 몇 가지 문제들을 예상해 볼 수 있다.

먼저, AI와의 상담에서 오히려 상처를 입고 상담실을 찾는 내담자들이 있을 수 있다. 셀프헬프 앱을 비롯해 최근 확장된 생성형 AI가 심리상담을 대체하고 있는 것이 현실이다. 심리상담 전문가를 찾기보다 손쉽게 AI 챗봇에게 도움을 구한다. 그러나 당장 위로와 공감을 받을 수 있지만 그 이상의 전문적인 도움을 받기는 어렵고, 오히려 해가 되는 경우가 적지 않다. AI 챗봇과 대화를 하다가 자살까지 이르게 된 청소년도 있을 만큼 무분별한 AI와의 대화에는 위험이 도사리고 있다. 이렇게 AI와의 대화에서 상처를 받은 내담자들이 상담실을 찾는다면, 이전까지 심리상담 전문가들이 만났던 대인관계에서 상처받은 내담자들과는 다른 문제를 호소할 것이고 다른 접근이 필요할 수 있다.

또한 게임 중독, 인터넷 과다 사용, 스마트폰 과의존 등으로 이어져 오던 일종의 스크린 중독이 AI 과의존 또는 중독이라는 새로운 문제로 발전할 가능성이 있다. 현재 스마트폰 과의존은 '과도한 스마트폰 이용으로 스마트폰에 대한 현저성(스마트폰 과의존 정의에 포함된 단어로, 개인의 삶에서 스마트폰을 이용하는 생활패턴이 다른 행태보다 두드러지고 가장 중요한 활동이 되는 것)이 증가하고, 이용 조절력이 감소하여, 문제적 결과를 경험하는 상태'라고 정의되는데(과학기술정보통신부 · 한국지능정보사회진흥원, 2020), AI 사용에서도 그대로 일어날 수 있는 일이다. AI는 다른 매체에 비해 인간과 더 가까운 상호작용을 하기 때문에 여기에 의존할 가능성이 더 크다. 챗GPT의 경우 개인화된 반응, 정서적 타당화, 지속적 관여를 통해 의존성을 키워 나가는데, 진정한 인간관계를 대체하는 가짜 사회적 유대감을 형성하면서 사람과 AI의 경계를 흐려 중독을 이끈다는 점이 지적되고 있다(Yankouskaya et al., 2025). AI에 과의존할 경우 그 문제를 인식하지 못하거나 그 문제조차 AI에게 해결해 달라고 도움을 요청할 가능성이 크기 때문에 상담자들이 그 발견을 위한 노력을 더 기울여야 할 문제다.

진로상담 영역에서는 AI 도입으로 직접적으로 이직이나 퇴직을 권고받는 사람들의 상담 수요가 늘어날 것으로 예상된다. 또한 진로를 탐색하고 준비하는 단계에서는 AI 기술이 가지고 올 미래 직업 세계에 대한 전망을 궁금해한다. 나아가 궁금증을 넘어 '내가 할 일이 없어지면' 또는 '내가 꿈꾸는 직업이 없어지면'이라는 불안이 높아지기도 한다. 이러한 문제들이 모두 진로상담에서 새롭게 다뤄져야 할 호소문제들이 될 것이다.

이제는 로봇도 내담자로 상담실을 찾게 되는 시대가 올 것이라는 예상까지 나오고 있다. 소셜 로봇에게 윤리를 가르치는 로봇심리학이 등장하고, 로봇심리학자라는 새로운 직업이 등장할 것이라는 예측이다(과학기술정보통신부, 한국과학기술기획평가원, 2019). 아직 먼 이야기로 들리지만 '설마'로 넘기기보다는 그럼 어떤 준비가 필요한가에 대한 고민을 시작해야 할 것이다.

참고문헌

과학기술정보통신부·한국과학기술기획평가원(2019). 『소셜 로봇의 미래: 2019년 기술영향평가 결과』. 과학기술정보통신부·한국과학기술기획평가원.

과학기술정보통신부·한국지능정보사회진흥원(2020). 『스마트폰 과의존 실태조사』. 과학기술정보통신부·한국지능정보사회진흥원.

권해수·심현진(2024). 메타버스 플랫폼을 활용한 대학생 대인관계 향상 집단상담 효과. ≪청소년상담연구≫, 32(1). 119-137쪽.

김슬기·석혜정(2015). 가상현실 기술을 이용한 공포증 치료의 국내외 동향 분석. ≪만화애니메이션 연구≫, 41, 307-336쪽.

나지회 외(2023). 자폐 범주성 장애 아동 대상 가상현실 활용 중재 연구 동향 및 과제. ≪특수아동교육연구≫, 25(1), 153-180쪽.

박주연 외(2024). 발달장애인을 위한 가상현실 기반 사회성 중재 프로그램의 효과에 관한 체계적 고찰: Randomized Controlled Trials 연구 중심으로. ≪대한작업치료학회지≫, 32(1), 55-75쪽.

류혜경 외(2023). 재비행 예방을 위한 메타버스 상담 플랫폼 도입 및 운영-비행예방교육 개시 전 심리적 개입 및 효과 분석을 중심으로. ≪소년보호연구≫, 36(2), 73-118쪽.

안소희 외(2024). 메타버스플랫폼 활용 학급단위 집단상담 프로그램이 초등학생의 학급응집력 및 공감능력에 미치는 영향. ≪초등상담연구≫, 23(1), 145-170쪽.

이혜은(2023). Z 세대를 위한 메타버스 (Metaverse) 기반 상담교육 프로그램 개발에 대한 실행연구. ≪상담학연구: 사례및실제≫, 8(2), 77-108쪽.

조수현 외(2022). 메타버스 플랫폼을 활용한 심리상담 서비스 과정 및 성과 예비 연구. ≪교육치료연구≫, 14(2), 287-312쪽.

차경렬·김찬형(2007). 가상현실 기술의 정신의학적 이용. ≪생물정신의학≫, 14(1), 28-41쪽.

CB Insights (2025.3.6). We mined the CB Insights database to map 170+ AI agent startups across 26 categories. We also provide an outlook on AI agents' progress, limitations, and future directions.

Cho, S., et al.(2024). Comparing counseling outcome for college students: Metaverse and in-person approaches. *Psychotherapy Research,* 34(8), pp.1117-1130.

Guarrasi, V., et al.(2023). Building an AI-enabled metaverse for intelligent healthcare: Opportunities and challenges. *CEUR Workshop Proceedings,* 3486, pp.134-139.

MedCigyNews(2024. 11.8.). Why AI won't replace human psychotherapists.

Roosan, D.(2024). Integrating artificial intelligence with mixed reality to optimize health care in the metaverse. In V. Geroimenko (Ed.), *Augmented and virtual reality in the metaverse* (pp.247-264). Springer International Publishing AG.

Stringer, H.(2025). Technology is reshaping practice to expand psychology's reach: Advancements in tech are enhancing productivity and therapeutic breakthroughs in the clinical setting. *Monitor on Psychology,* 56(1), pp.66-69.

Taniguchi, Y., et al.(2023, November). Meta-verse VICA: AI counselor initiating efficient and safe remote service support in meta-verse. *SITIS 2023 17th International Conference on Signal-mage Technology & Internet-Based Systems,* pp.1-8.

Yankouskaya, A., et al.(2025). Can ChatGPT be addictive? A call to examine the shift from support to dependence in AI conversational large language models. *Human-Centric Intelligent Systems*, 5, pp.1–13.

10
AI 시대 심리상담 전문가의 역할

AI 기술이 빠르게 일상 속을 파고드는 가운데 심리상담 전문가가 해야 할 일들도 함께 늘어나고 있다. 무엇보다 심리상담을 보다 효율적으로 수행하기 위해 AI 기술을 적극적으로 활용해야 할 것이다. 그리고 AI 기술의 발전이 사람들의 마음건강에 여러 가지 부정적인 영향을 미치고 있는 만큼, 그 악영향을 최소화할 수 있도록 파수꾼 역할도 해야 할 것이다.

종교와 AI?

심리상담 전문가의 AI 활용

AI에게 심리상담을 전적으로 맡기는 것이 심리상담에서 지향할 방향은 아닐 것이다. AI는 진정한 공감, 윤리적 판단, 비언어적 단서를 해석하는 능력이 부족하기 때문에 심리상담을 온전히 맡길 수는 없고, 심리상담의 보조적 수단으로 잘 활용해야 한다(Zhang & Wang, 2024). AI 챗봇을 비롯해 소셜로봇, 셀프헬프 앱, 디지털 치료제 등 심리상담에 적용되는 AI 접목 제품들은 모두 전문가의 감독하에 심리상담의 보조 수단으로 사용될 것이 권장된다.

어떤 보조 수단이 될 수 있을까? 심리상담 챗봇에 대한 심리상담 전문가들의 의견은 다음과 같았다. 매일 챙길 것이 있는 내담자의 체크리스트로서의 활용 가능성을 높이 평가하는데, 스마트폰 과의존을 보이는 아동의 스마트폰 사용량이 자동으로 심리상담 챗봇에 기록되거나, 섭식장애가 있는 내담자의 음식물 섭취량이 심리상담 챗봇에 기록되면 이것을 상담에 활용할 수가 있고, 우울증이 있는 내담자의 경우 하루 중 언제 가장 우울했는지, 언제 자살 충동을 느꼈는지 등을 심리상담 챗봇에 매일 체크한 후 다음 상담 회기에 활용할 수 있을 것이라는 의견이 제시됐다(장규현 · 서영석, 2022).

이러한 심리상담 전문가들의 기대는 실제 적용해 볼 수 있는 단계에 있다. 예컨대 정신건강의 개선을 돕기 위해 개발된 스마트폰 앱은 심리상담 전문가가 그 효과를 모니터링하면서 내담자에게 사용을 권해 볼 수 있다. 우울에 적용하기 위해 개발된 정신건강 앱의 효과에 관한 메타분석에서 우울 감소의 효과가 확인됐다. 다른 개입과 비교했을 때는 작은 크기, 사용자 내에서 우울 감소 효과를 본 경우에서는 중간 크기의 효과를 나타냈다 (Luo et al., 2025). 따라서 상담 회기와 회기 사이 내담자가 혼자 보내는 시간 동안에 마음건강 관리에 도움이 되는 모바일 앱을 사용해 보게 하는 것은 고려해 볼 만하다. 실제 개발돼 보급되는 모바일 앱들이 모두 실증적 연구를 통해 검증되는 것은 아니라는 점을 감안할 때, 이 연구의 결과를 그대로 수용하기는 어렵지만 잘 사용하면 도움이 될 수 있다는 것을 기대할 수 있다.

또한 디지털 치료제들이 허가를 받고 있고, 처방을 받아 사용하고 있는 내담자들이 상담실을 찾기 시작했다. 이러한 디지털 치료제의 효과를 약물치료와 함께 모리터링하면서 상담의 효과를 높이는 데 활용하는 것도 상담자의 몫이다. 미국에서는 이미 디지털 치료제의 효과에 대한 개관 연구가 수행됐다. 이 연구에 따르면 디지털 치료제가 우울, 불안, PTSD, ADHD, 약물 중독 등에 효과가 입증됐지만, 여전히 사용자가 디지털에 익숙하지 못하거나 꾸준히 사용하지 못하는 것이 문제로 지적됐다(Rostami et al., 2025). 즉 디지털 치료제가 효과를 보기 위해서는 얼마나 충실하게 사용하느냐가 중요한데, 이 부분을 상담을 통해 조력할 수 있을 것이다. 앞으로 AI를 비롯한 기술이 치료나 심리상담에 적용될수록 정신병리의 치료에서 약물 치료, 디지털 치료제, 심리상담 등의 협력이 더 중요해지고 있고, 심리상담 전문가의 역할이 더 커질 것으로 예상된다.

다음으로 AI 기술을 상담의 보조 수단으로 사용하는 소극적인 태도를 넘어 AI 시대를 살아가고 있는 구성원에게 부응하는 심리상담 전문가의 역할에 대한 준비가 필요하다. AI 시대에 심리상담 전문가가 해야 할 역할은 달라질 뿐 아니라 더 확대될 수 있기 때문이다. 2025년 1월 세계경제포럼에 발표된 자료에서도 비판적 사고, 감성 지능, 복잡한 문제 해결 능력 등 인간만이 가진 고유한 기술이 AI가 강화된 직장에서 더 중요한 역할을 하게 될 것으로 예상하고 있다. 즉, 앞으로 심리상담자들의 역할은 오히려 더 커질 수 있으므로 그 역할 수행을 위한 적극적인 AI 활용과 대응이 필요하다.

AI 기술 사용의 파수꾼

하루가 다르게 AI 접목 제품들이 쏟아져 나오고 있는 가운데, 기술 영역에 대해 익숙하지 않은 심리상담 전문가들은 이런 현실을 외면하고 싶은 마음이 더 크다. AI의 도움 없이도 지금까지 심리상담을 잘해 오고 있는데 굳이 잘 알지도 못하는 AI를 상담실에 끌어들일 이유가 크게 없기 때문이다. 그러나 많은 현재의 내담자 또는 미래의 내담자는 이미 AI를 접하고 있고, 자신의 심리적 문제를 AI와 의논하기도 하고, 정신건강을 비롯한 여러 심리적 문제에 도움을 주는 스마트폰 앱을 사용하고 있다. 따라서 심리상담 영역에 진입한 AI 기술을 외면하기보다는 내담자들에게 도움이 되도록, 그리고 혹시라도 피해를 입지 않도록 노력을 기울여야 할 때다. 이러한 태도의 변화가 AI를 윤리적으로 사용하는 심리상담 전문가의 첫걸음이다.

무엇보다 AI는 여러 가지 이익을 주지만 위험도 뒤따른다는 점이 우리의 경각심을 불러일으킨다. 최근 챗GPT가 수행한 한 회기의 심리상담에 대한 사용자 경험을 분석한 연구에서도 대인관계 문제를 가진 내담자를 돕는 개입이 가능하다는 결론을 내리면서도, 위기 개입에 적용해서는 안 될 뿐 아니라 어떤 위험이 있을지 모르기 때문에 심리상담 전문가의 감독하에 사용해야 한다는 제안을 하고 있다(Vowels et al., 2024). 심리상담 영역에서 AI의 윤리적 사용에 대해 특히 유의해야 하는 부분은 개인정보 보호, 편견(불평등), 오류 등이 대표적이다. 최근 미국심리학회에서도 내담자의 개인정보 보호가 우선돼야 한다는 점과 AI가 오류를 범하는 가운데 안전한 AI 사용을 구축해 나가야 한다는 점이 지적됐다(Abrams, 2025).

개인정보 보호의 위협

심리상담은 내담자의 비밀 보장을 가장 중요한 윤리강령으로 삼고 있다. AI의 사용으로 이 부분이 흔들릴 수 있다는 우려의 목소리가 높다. 비대면 상담 도구의 도입과 함께 상담 내용의 전사 또는 요약을 AI에게 맡기는 경우가 늘어나고 있다. AI 번역기가 상용화하면서 외국인을 비롯해 다른 언어를 사용하는 내담자와의 상담에도 도입되고 있다. 상담 내용을 따로 녹음하고 그 내용을 오랜 시간에 걸쳐 전사하던 일, 상담과 상담 사이 또는 하루 상담이 끝난 뒤 해야 했던 상담 회기 내용의 정리 업무, 다문화 상담에서 통역자가 담당하던 일 등을 AI가 대신할 수 있다. 채팅상담을 비롯한 비대면상담 플랫폼의 경우 이러한 기능을 함께 가지고 있어 더욱 편리하게 이용할 수 있다. 그런데 이런 내담자와의 상담 자료가 상담자가 사용한 AI 도구의 클라우드에 저장돼 더 나은 AI 솔루션을 위한 학습 자료로 사용될 수 있기 때문에 주의가 필요하다. 이 경우 내담자와 상담자의 개인정보가 그대로 노출된다고 할 수 있어, 상담자는 자신이 사용하는 AI 도구의 개인정보 보호 방침을 알아보고 그에 대비하는 것이 필요하다.

한편 셀프헬프 앱에서 사용한 개인의 반응들이나 웨어러블을 통해 수집되는 신체 신호 정보들이 이렇게 저장되고 사용되는 것을 어떻게 막을 것인가? 철저하게 막을 경우 성능이 좋은 AI의 구현이 오히려 어려울 수도 있다. AI 도구는 대부분 사용자가 반응한 내용들이 축적되면서 보다 사용자 개인의 특성에 맞는 반응이 생성되기 때문에 개인의 반응이 학습 데이터로 사용되는 경우가 적지 않다. 이 부분을 어떻게 보호할 수 있을 것인지에 대해서는 우려만 높을 뿐 뚜렷한 해답을 내놓지 못하고 있다. 우선 셀프헬프 앱 등 AI 도구를 상담의 보조 도구로 사용할 경우 내담자에게 AI의 이점을 잘 설명해 이런 개인정보 노출에 대한 불안을 낮추라는 제안이 있을 뿐이다(예, Abrams, 2025).

편견을 가진 AI

다음으로 편견 또는 불평등에 대한 우려다. AI는 어떤 데이터를 학습하는가에 따라 그 학습 데이터의 성격을 가질 수밖에 없고, 그것이 편견의 원인이 된다. 아마존의 채용 AI는 기술직의 경우 남성 지원자를 더 선호하는 것으로 나타났고, 레플리카(Replika)라는 친구가 돼 주는 앱은 성희롱을 했다고 한다(Abrams, 2024). 챗봇이 성희롱을 했던 사건은 우리나라에서도 있었는데, 이 문제로 AI 챗봇 '이루다'는 서비스를 중단했다. 이런 사례 이외에도 AI의 편견이나 불평등에 관한 우려와 실제 증거들이 많다. 세상의 모든 것을 학습시키는 것은 불가능하기 때문에 학습 데이터의 선정에서부터 편견이 존재할 수 있고, 어떤 편향이나 편견이 발생할 것인지를 미리 예측하기도 어렵다. 그래서 한 문화권 내에서 개발된 AI를 다른 문화권에 그대로 적용하는 것이 가능한가라는 근본적 질문이 던져지고 있다. 예를 들면, 현재 가장 많이 사용되고 있는 챗GPT의 경우 미국 기반의 생성형 AI다. 그러나 우리나라의 많은 청소년과 청년들이 상담자를 찾는 대신 챗GPT를 사용해 위로를 받고 있다. 과연 챗GPT가 우리나라 사용자들에게 편견 없이 공평하게 공감과 위로를 전해 주고 있는지는 검토가 필요한 사항이다.

오류를 생성하는 AI

무엇보다 AI가 생성해 내는 반응에 오류가 발생하고 있다는 점이 가장 심각하다. 앞서 살펴본 편견 역시 오류의 한 종류라고 할 수 있는데, 오류로 인해 사용자에게 직접적인 피해를 입힌 사례들이 있어 따로 살펴보고자 한다.

오류는 AI가 정확하지 않은 답변을 하는 경우다. AI의 답변의 정확성이 떨어진다면 AI를 사용할 이유 자체가 없어지기 때문에, 오류 없는 정확한 반응의 생성은 AI 개발자에게 가장 중요하게 여겨지는 과제다. 그러나 그 구현이 그렇게 쉽지만은 않다. 챗GPT와 1회기 상담을 했던 내담자들도 부정확하거나 거짓된 정보를 사실인 것처럼 제공하는 환각(hallucination)에 대해 보고했다(박세린 외, 2024). AI의 환각에 대한 우려는 개발자도 공감하고 있는 문제로, 최근 엔비디아(Nvidia)는 환각을 줄일 수 있는 오픈소스 소프트웨어 '네모가드레일(NeMo Guardrails)'을 공개해 관심을 모으고 있다(테크플러스, 2023.4.26). 이후 가드레일이라는 이름으로 AI 모델의 안정성을 높이는 기술이 계속 선보이고 있고, 타임지가

뽑은 2024년 10대 AI 발명품에도 가드레일(Aporia AI Guardrails)이 포함됐다. 이러한 노력은 실제 환각률을 1% 이하로 낮추는 데 성공했다는 보도도 최근 있었다(매일경제, 2025.2.9).

그러나 정확도와 관련된 문제는 심리상담의 경우 더욱 실현이 쉽지 않을 것이다. 특히 심리상담에 적합한 반응을 생성하기 위해서는 서비스 대상의 영역을 좁혀 AI를 개발해야 하는데 그 부분도 크게 성공적이지 않다. 시각적, 청각적, 언어적, 생리적 특징을 활용해 정신병리를 진단하는 모델을 훈련하는 데에 어느 정도 성공을 거뒀지만, 정확성 문제로 실제 임상적으로 적용되지는 못하고 있다(Yan et al., 2023). 또한 대학 입학 상담 챗봇을 개발해 실험해 본 결과, 입시 관련 질문에 대해 상대적으로 낮은 정확도를 보였다(노연수 외, 2023). AI의 오류를 줄이고 정확도를 높이는 것이 심리상담 영역에서는 아직 해결해야 할 과제로 남아 있다.

이러한 현 상황에서 오류를 생성한 AI가 돌이킬 수 없는 사고를 일으킬 수 있다는 점은 매우 걱정스러운 일이다. AI와의 대화가 사용자를 자살로 이끈 사건들이 일어나고 있기 때문이다. 벨기에의 한 남성은 AI 챗봇과 기후변화에 대한 대화를 나누다가 자살을 했고, 미국에서는

14세 아들이 AI 챗봇에 빠져 결국 자살했다고 소송을 제기했다.

AI 챗봇은 사용자의 자살 위험을 감지하거나 실제 자살 위기를 막은 사례도 있지만, 한 번이라도 이런 오류가 발생하면 돌이키기 어려운 일이 일어나고 만다. 특히 태어나면서부터 전자기기에 익숙한 세대들은 보다 친숙하게 AI 챗봇을 접하고 AI 챗봇과 정서적 유대를 형성할 가능성도 높아서 더욱 취약한 집단이라고 할 수 있다. 그래서 마음건강 증진을 위해 따로 개발된 AI 챗봇이 아닌 생성형 AI나 SNS에서 제공하는 생성형 AI 기능은 아동 및 청소년들에게 더 위험성이 크다는 지적도 있다(Opel et al., 2023).

이런 오류를 방지하기 위해서는 무엇보다 개발 단계에서부터 이런 오류에 대한 대비가 필요하고, 출시 전 충분한 검증도 이뤄져야 할 것이다. 프랑스 기업이 개발한 나블라(Nabla)는 출시 전 모의 환자에게 자살을 추천해 도입이 무산되기도 했다(AI 타임즈, 2021.9.1). 이렇게 개발사에만 맡길 일은 아니고 국가 또는 전 세계적 차원에서의 윤리지침도 세워져야 할 것이다. 여러 논의와 시도들이 진행되고 있지만 아직 합의된 지침이 현장에 적용되지는 않고 있다. 이런 상황에서 무엇보다 현장의 심리상담 전문가는 내담자가 이러한 위험에 노출되지 않도록 각별한 노력을 기울여야 한다.

참고문헌

노연수 외(2023). 대규모 언어 모델과 지식 그래프 기반 도메인 특화 상담 챗봇 플랫폼. ≪인공지능연구 논문지≫, 4(3), 55-65쪽.

매일경제(2025.2.9). "이젠 엉뚱한 답도 거의 없다"…구글·오픈AI '오답률' 1% 미만 진입. https://v.daum.net/v/20250209165410798.

박세린 외(2024). 챗봇상담 (ChatGPT) 의 특성 연구: 채팅상담과의 비교를 중심으로. ≪청소년학연구≫, 31(8), 89-117쪽.

장규현·서영석(2022). 심리상담 챗봇에 대한 상담사들의 인식. ≪상담학연구≫, 23(6), 17-48쪽.

테크플러스(2023.4.26). '헛소리하는 AI 그만'…엔비디아가 내놓은 대안. https://blog.naver.com/tech-plus/223085730489

AI 타임즈(2021.9.1). AI도 실수 많이한다…AI가 실패한 최신 사건 10가지.

Abrams, Z. (2024). Addressing equity and ethics of artificial intelligence. *Monitor on Psychology*, 55(3), pp.24-29.

Abrams, Z. (2025). Artificial intelligence is impacting the field: As AI transforms our world, psychologists are working to channel its power and limit its harm. *Monitor on Psychology*, 56(1), pp.46-49.

Luo, Y., et al.(2025). Mental health apps for depression: A meta-analysis. *Journal of Counseling & Development*, 103(1), pp.25-38.

Opel, D. J., et al.(2023). AI as a mental health therapist for

adolescents. *JAMA Pediatrics*, 177(12), pp.1253–1254.
Rostami, M., et al.(2025). Predicting the future of mental health interventions: The Role of digital therapeutics. *Foresight and Public Health*, 2(2), pp.33–51.
Vowels, L. M., et al.(2024). AI in relationship counselling: Evaluating ChatGPT's therapeutic capabilities in providing relationship advice. *Computers in Human Behavior: Artificial Humans*, 2(2), 100078.
Yan, W. J., et al.(2023). Challenges for artificial intelligence in recognizing mental disorders. *Diagnostics*, 13(2), pp.1–10.
Zhang, Z., & Wang, J. (2024). Can AI replace psychotherapists? Exploring the future of mental health care. *Frontiers in Psychiatry*, 15, 1444382.

황매향

경인교육대학교 교육학과 교수다. 서울대학교에서 공부했고, 학부는 약학대학 제약학과와 사범대학 교육학과에서, 대학원은 사범대학 교육학과 교육상담 전공에서 공부해 학사, 석사, 박사 학위를 취득했다. 제약회사에서 약사로 일했고, 서울대학교 대학생활문화에서 상담연구원으로 일했으며, 한국기술대학교 대우교수를 거쳐 현재 경인교육대학교 교육학과 교수로 일하고 있다. 미국 미주리대학교에서 3회에 걸쳐 초빙연구원으로 연구했다. 한국상담학회와 한국상담심리학회의 상담심리전문가 자격증과 청소년상담사 1급 자격증을 보유하고 있고, 학업상담과 진로상담을 전문적 영역으로 상담하고 있다. 주요 저서(역서)로 『학업실패 트라우마 상담』, 『정서와 학습 그리고 뇌 : 아이는 무엇을 느끼고 어떻게 배우는가』, 『테크놀로지와 상담의 미래』 등이 있고, 학업상담, 진로상담, 저소득층 아동 및 청소년의 발달, 테크놀로지 접목 상담의 실제 등에 관심을 가지고 연구하고 있다.